# Mes lettres de cachets

Flora Nicol

# Mes lettres de cachets

STUDIOFACT
EDITIONS

**Couverture :**
Conception graphique : Clément Buée
Photographie : © Tibor Duris

ISBN : 978-2-9580712-7-1

*À la mémoire de Jean-Marc, Alice, Souad et Rabah, et de tous les dépendants qui n'ont pas pu trouver la limite entre anesthésie des blessures et dose létale.*

« J'habite une blessure sacrée. »
AIMÉ CÉSAIRE, *CALENDRIER LAGUNAIRE*

« [...] Je ne m'attendais pas à survivre,
la terre m'ayant supprimé. Je ne m'attendais pas à
me réveiller à nouveau, sentir
dans la terre humide mon corps
capable de réagir à nouveau, se souvenir
après si longtemps comment éclore à nouveau
[...]
apeuré, oui, mais à nouveau parmi vous
à pleurer, oui, risquer la joie
dans le vent cru du nouveau monde. »
LOUISE GLUCK, *PERCE-NEIGE*

## Avertissement

Afin de préserver l'anonymat des protagonistes de cette histoire, la plupart des prénoms ont été modifiés.

Aux âmes sensibles, épargnez-vous la lecture des pages 179 à 191. À ceux qui m'aiment, arrachez-les séance tenante.

# Avant-propos

Quand celle qui allait devenir mon éditrice a exhumé *Mes lettres de cachets*, je ne suis pas parvenue à lui retourner son appel sur le champ. Moi qui, quelques années auparavant, aurais bondi sur l'occasion, j'esquivais. Je crois que j'avais honte de ce texte. Je le confesse. Honte, car je n'avais à l'époque aucune idée de ce que signifiait vraiment se rétablir de la dépendance.

Clarisse a d'abord dû trouver mon nouveau numéro. J'en avais changé pour disparaître des radars des dealers. Et lorsque finalement, je me suis décidée à prendre connaissance de son message, j'ai choisi de me réconcilier avec moi-même. Elle disait avoir été touchée par mon texte. Au bout du compte, moi aussi. Sans doute pas pour les mêmes raisons. En 2013, j'essayais déjà de me soigner alors que la maladie était encore en semailles.

Je ne sais plus quel écrivain a dit qu'à chaque fois qu'il ouvrait une pièce de Shakespeare, il y trouvait ce qu'il cherchait. Le soir même, j'assistai à une représentation de *Comme il vous plaira*. Et le personnage d'Olivier, fils aîné de sire Roland des Bois, semblait parler pour moi : « C'est moi. Enfin, c'était moi, mais ce n'est plus moi. Je n'ai pas honte de vous dire ce que j'étais, depuis que je suis si heureux d'être devenu ce que je suis. »

Paris, avril 2022

# Octobre 2013

C'est tout ce que j'ai trouvé pour ne pas sombrer, quand j'ai été engloutie par un caprice du destin. Une humeur subite et rageuse de la fortune. Lorsque la douleur m'a suffoquée, ils m'ont permis de respirer et m'ont autorisée, parfois, à côtoyer la surface. Ils suspendaient le tsunami qu'était devenue ma vie. Dans cette existence au fond du noir, ils me désignaient les rares et capricieux phares.

J'avais été la proie d'un monstre. Une parmi dix-huit. On m'avait volé mes paupières, je ne pouvais plus fermer les yeux. Alors, entre ce monde aux nouvelles donnes et ce qu'il restait de moi, j'ai dû déployer un écran. Les médicaments, du jour au lendemain, sont devenus mes passeurs pour m'éloigner, par intermittence, du mortifère royaume d'Hadès. Ils m'abreuvaient au fleuve Léthé, le fleuve de l'Oubli qui borde les Enfers.

Armée de pharmacopée, je suis parvenue à ce que l'ombre que j'étais devenue s'incarne dans le théâtre de la vie. En représentation sociale, je ne sentais pas le stress post-traumatique à plein nez. Non. Je menais une existence complète. Sur le mouvement d'une agonie à l'envers. Je me battais pour me réconcilier avec la vie. On m'a achevée au quatrième sous-sol d'un parking, une nuit de septembre à Paris. Je devais renaître. L'ampleur de la tâche... Lorsque le temps a fait son œuvre et a éloigné le cauchemar, c'était trop tard. Ce nouveau monde, je ne l'avais connu qu'avec les capsules-antidotes. Le besoin s'est transformé en habitude, qui s'est muée en addiction. C'est vache, une addiction. Un véritable démon, qui terrasse la raison.

Les temps changent, les drogues se transforment, et les drogués évoluent. Je fais partie d'une nouvelle catégorie, juste en dessous des toxicomanes, si toutefois on peut évoquer une hiérarchie en la matière : les toxicophiles. Littéralement amoureuse du poison. La langue de Shakespeare ne fait pas, elle, la différence entre médicaments et stupéfiants, tous amalgamés sous la désignation univoque de *drug*. De toute façon, quelle que soit la substance dont nous jouissons, nous sommes tous désormais catalogués comme des addicts, des dépendants. Et où va le dépendant ? En cure de désintoxication.

Quitter une vie bien douillette, de rêve comme on la considère, pour les murs de l'Assistance publique de Villejuif, service des drogués et des alcooliques, c'était déjà pas affriolant. Mais abandonner ma nourriture immunitaire de cachets et pilules, c'était pire encore. Une nouvelle vie à paramétrer. En vingt et un jours. Mon unique et indispensable sœur n'avait aucun doute quant à ma désertion prochaine. Je m'engageais dans un petit exil. Changement d'habitudes, nouveaux visages, nouveau milieu, autres façons de parler et de mentir. Faudra-t-il jouer une nouvelle farce ici aussi ?

# 1

Le règlement qu'on nous remet avant notre hospitalisation précise que « tout symbole rappelant la drogue et ses dérivés est formellement interdit ». Évidemment. Mais les substances sont d'emblée rappelées à la conscience des patients par le truchement des noms de bâtiments. Ainsi, l'édifice livide qui abrite le service d'addictologie a été baptisé l'Albatros. L'oiseau du poème de Baudelaire (grand amateur de drogues et auteur du célèbre recueil au titre univoque, *Les Paradis artificiels*) s'affiche sur les murs de la cage d'escalier et devant le poste de soins au premier étage. Voici donc un hommage confondant pour nous, les dépendants. Mais les références ne s'arrêtent pas là. Les deux ailes du premier étage portent aussi les noms de poètes maudits. À gauche, on s'engouffre chez Verlaine, dont personne n'ignore l'idylle avec l'alcool et Rimbaud. L'auteur du « Bateau ivre » et de « Matinée d'ivresse » a prêté, lui, son patronyme à l'autre secteur du pavillon, à droite. Pas de doute, on est bien chez les toxicos.

L'intention du décorateur de l'hôpital me laisse perplexe. Un dépendant n'est pas nécessairement délirant au point de s'identifier à ces génies des Lettres (dans ce cas, il est transféré au pavillon psychiatrie). Certes, il peut faire siens les qualificatifs donnés à l'oiseau empoté : maladroit et honteux ; gauche et veule ; comique et laid. Mais lorsque le bipède devient la métaphore du poète, celui-ci nous perd. Nous ne sublimons pas nos tares, nous. Et non, avoir d'illustres compagnons de maladie, ça ne console pas, ça peut même accabler férocement. Eux ont fait quelque chose de leur ivresse. Pas nous… Le patient ne voit pas son estime rehaussée par de telles références. Il voit plutôt les drogues remonter dans son estime. Sans leur dose quotidienne, ces poètes auraient-ils accouché de vers enchantés ? Dans les brumes des transports chimiques se dessinent des beautés. Manifestement, le décorateur de l'hôpital n'était pas fin psychologue. Le « prince des nuées » s'épanouit en volant, tandis que nous, les pensionnaires de l'Albatros, nous cultivons notre chute en planant.

C'est, d'ailleurs, remarquablement grisée que j'ai poussé la porte du centre. Comme pour entrer à reculons. Cette fois-ci, je ne me suis pas contentée de céder à mes tentations compulsives. Je leur ai ouvert les vannes, déroulé le tapis rouge. Douze petits cachets ovales orange, et quatre ronds blancs. Un record. J'ai pris le risque mesuré de perdre connaissance dans un centre hospitalier. Dans la société des hommes, on vous accueille en vous proposant un verre. Au royaume des sobres, on s'assure que vous n'en avez pas bu. On donne son nom, puis on souffle dans le ballon. L'alcool n'étant pas mon poison de prédilection, je peux voguer, une dernière fois, en toute discrétion. Après l'éthylotest, on entame le tour du propriétaire. À l'étage s'égrènent les chambres des pensionnaires. Nous sommes au nombre de dix-huit, répartis dans les ailes Rimbaud et Verlaine. Entre les deux poètes maudits, préside le centre névralgique, le poste de soins. Là, les infirmières recevront, matin, midi, soir et nuit, les patients pour leur traitement, leurs requêtes, leurs doléances, leurs remontrances... Au rez-de-chaussée se trouvent les espaces de vie commune. On me désigne ce qu'on appelle un jardin, qui est en réalité un couloir en extérieur, deux bandes de gazon avare entre deux murs de béton et une sorte d'abribus au fond. C'est l'endroit dédié à la seule addiction acceptée entre ces murs : la nicotine. Une cure de désintoxication est toujours une bonne occasion de se mettre à fumer. La nature a horreur du vide.

Grâce à ma dernière prise, je suis réfugiée à l'intérieur de moi-même. Mon corps est moelleux comme un duvet et mon esprit prend l'air dans des hauteurs enivrées. C'est la dernière fois que je surfe sur ces eaux-là. Plantés dans l'entrée, se dressent, incongrus, un baby-foot et une table de ping-pong. À bâbord, le réfectoire qui fait aussi office de salle de télévision. Un lieu de vie presque lugubre, aux allures de coupe budgétaire. Tous les repas sont pris en communauté, et notre présence est obligatoire. Un peu plus loin, la salle de sport, aux relents de pieds moisis, dans laquelle trônent d'obsolètes machines de musculation. C'est là que débutera notre journée après le petit déjeuner, par une séance, obligatoire, de réveil musculaire. À même le sol. Je découvrirai qu'il n'y a rien de tel qu'un haut-le-coeur pour émerger d'une nuit de sommeil. On remonte à l'étage tandis que j'amorce, moi, la descente.

Enfin, voilà ma chambre. Spartiate. Le ciel est avec moi, j'ai évité la salle de bains commune. Un tuyau derrière une paroi en plastique défoncée (elle aussi...) tient lieu de douche ; elle fera l'affaire. Un lit, pas du tout engageant. Un minibar, vide évidemment. Une table, une chaise. Grande fenêtre avec vue sur le pavillon gériatrie, bande-son agonies. Des murs couleur saumon avarié. L'anémie ambiante, j'avais prévu. Je déploie des affiches de mes photos les plus poétiques. Une litanie de jolies choses. Les clichés d'une famille heureuse, d'un mariage sur notre trente-et-un aux baignades dans les rivières de Bourgogne avec nos deux petites filles, Haydée et Hanabi. Des amies sylphides sur un yacht devant les falaises de Bonifacio, des captures de fous rires pendant une crise de joie sur une route de campagne ou sur la plage. Mon aînée à cinq ans, habillée de tulle, tentant le hula hoop devant un chariot à glaces vintage. Une photo de François et moi en tenues de mariés devant une église en Islande (nous réalisons des photos de faux mariage dans tous les pays que nous visitons), un fjord se jetant dans la mer du Nord et tant d'autres instantanés de moments heureux, autant de moments volés à mes démons et à leur sinistre valse.

Il y a aussi un placard pour ses petites affaires. Fouillées, les affaires. Par deux infirmiers à la recherche de stupéfiants, ou d'objets qu'on pourrait retourner contre nous-mêmes. Ils ont déjà dû voir des suicides à la pince à épiler, car ils décident de confisquer la mienne.

— Vous avez un placard avec une serrure ici, stockez-y vos affaires et fermez bien à clé, me conseillent-ils.

— Il y a des vols entre patients ?

— Oui, ça peut arriver, ou des visiteurs. Le mois dernier, une patiente s'est fait voler son ordinateur.

— Mais les portes des chambres ne ferment pas à clé ?

— Non, vous ne pouvez pas vous enfermer.

— Espérons alors qu'aucun pensionnaire ne cherchera à assouvir ses besoins sexuels à mes dépens. Surtout que j'ai cru comprendre que vous recevez aussi des *sex addicts*.

— Oui, mais pas en ce moment. Vous n'avez pas le droit d'entrer dans la chambre d'un autre patient, de toute façon.

— Si un patient décide de passer outre l'interdiction de me violer, c'est pas votre règlement qui va le retenir.

— Il faut aussi que vous nous donniez votre téléphone. Ils sont confisqués pendant les premières quarante-huit heures. Ainsi que l'ensemble de vos affaires. Prenez juste de quoi vous changer pour deux jours.

— Mais comment je fais pour joindre quelqu'un ?

— Vous ne pouvez pas. Vos proches peuvent appeler le poste de soins, ce sont les infirmières qui donneront de vos nouvelles. Tenez, enfilez ce pyjama bleu. Vous êtes tenue de le porter pendant quarante-huit heures. Et vous ne pouvez pas sortir de l'enceinte du pavillon.

— Mais pourquoi ?

— Les patients peuvent être très fragiles les premiers jours…

L'admission en *rehab* implique donc un rite d'initiation, comme le serait un bizutage. Certes, le pyjama bleu n'est pas imposé dans l'intention de nous humilier, mais comment ne pas se sentir diminué dans un sac à patates azur ? Ajoutez à cela un règlement envahissant une feuille A4 en police taille 10, et l'école n'est plus très loin. Après tout, on est là pour rentrer dans le rang.

Sur le chemin de l'intronisation est prévu un entretien avec le psychiatre addictologue attribué. M'est échue une femme dont l'habit fait le moine. Blouse blanche, lunettes et stylos sur le poitrail. D'âge presque mûr. Sa voix apaisée suinte l'humanité. Elle me reçoit entourée de deux personnes qu'elle me présente comme un interne et une infirmière. J'ai l'impression de passer un oral.

— Depuis combien de temps consommez-vous ?

— Huit ans. Mais vous pouvez soustraire deux fois neuf mois, car lors de mes grossesses, je n'ai rien pris.

— D'accord. Et qu'est-ce que vous prenez exactement ?

— Je n'ai pas fait mon entrée dans la dépendance avec mon cocktail actuel. Au départ, je m'étais amourachée du Stilnox. Une boîte par jour. Je rédigeais de fausses ordonnances pour me fournir. Puis, après ma première grossesse, j'ai opté pour un comportement plus « licite » en me contentant de substances en vente libre : codéine et Décontractyl[1].

— Quelles quantités ?

— Environ six prises par jour. Et lors de chaque prise, c'est à peu près quatre comprimés de paracétamol codéiné accompagnés de huit cachets de décontractant musculaire.

— Alcool ?

— Mondain.

1. Le Décontractyl a été retiré du marché le 28 juin 2019 (NdE).

— Autre chose ?

— Je fume du cannabis depuis la naissance de ma seconde fille, il y a deux ans. Un bébé, on pouvait gérer. Mais deux, avec deux ans d'écart, on s'est retrouvés débordés. Et terriblement tendus. On a pris l'habitude de partager un joint avec mon mari, après le coucher des enfants, pour se détendre. Mais je ne suis pas venue pour ça, je n'ai pas l'intention d'arrêter.

— Très bien. Ici, nous vous traitons seulement pour les substances qui vous posent problème. La seule chose qu'on vous demande, c'est de ne rien consommer du tout lors de votre séjour ici, et aussi lors des permissions.

Pas une once de jugement dans sa voix. Pas non plus cette assurance un peu suffisante des membres du corps médical, surtout quand ils travaillent sous le sceau de l'hôpital public. Il lui manque, en conséquence, une dose de fermeté. De la part d'un médecin du psychisme, ce tact est bienvenu, mais il marque comme un flottement. Elle ne s'adresse à moi ni comme à un malade, ni comme à un bien portant inconséquent. Manifestement, le statut de dépendant n'est pas encore très précis, si tant est qu'il puisse l'être un jour. Certes, depuis le début des années 2000, les scientifiques considèrent l'addiction comme une maladie du cerveau. Mais on ne demande pas à un malade de suspendre le cours de son affliction comme on le fait avec nous lorsqu'on nous enjoint à rester sobres…

* * *

Le dîner est servi à 19 heures. L'amuse-bouche de rigueur est dispensé au poste de soins, sous forme de pharmacopée. C'est là que tous les patients viennent assidûment, avant chaque repas, recevoir leur traitement. L'un d'entre eux attend déjà son tour. Voici mon premier camarade d'infortune.

— Salut, moi c'est Steve, amorce ce jeune homme au physique disgracieux et au sourire franc.

L'accent et les vêtements correspondent à l'idée préconçue qu'on se fait du jeune des cités.

— Salut, moi c'est Flora.

— T'es là pour quoi ?

Droit au but, donc.

— Codéine et Décontractyl. Et toi ?

— Oh moi, c'est un cocktail Molotov : alcool, cocaïne, benzodiazépines, cannabis, etc.

Oui, il y a des « etc. » Question d'expertise.

— T'as quel âge ?

On dirait qu'on ne s'embarrasse pas de faux-semblants chez les addicts. Ça me convient.

— Trente-cinq.

— Non ?! Je te donnais vingt-cinq ! Et moi tu me donnes combien ?

Une colle. Il a l'air abîmé jusqu'à friser la difformité. Mais impossible de savoir si c'est par abus de substances ou par manque de chance. Je me crois tirée d'impasse par le prochain patient à prendre place dans la file. Surfant sur l'entrain communicatif de Steve :

— Bonjour, je m'appelle Flora, je suis là pour codéine et toi ?

Flop. Bastien a le look d'un rockeur qui aurait fini postier. Avec son pantalon en velours côtelé et son chandail en laine élimé, le tout dans les tons ocre, il navigue entre le vintage et le démodé. Il est figé comme s'il se concentrait pour marcher sur un fil au-dessus d'un ravin.

— Héroïne.

Il exhale une tristesse fossilisée. Ce que certains auraient pu prendre pour du mépris, je le perçois comme une lésion de l'âme.

— Alors, quel âge tu me donnes ?

Finalement, c'est Steve, joueur, qui me sauve la mise avec sa question.

— Euh... vingt-trois ?

On a envie de lui faire plaisir, à ce bonhomme.

— Eh non, vingt-huit !

— Tu ne les fais pas non plus. Et après, on dit que la drogue cause des ravages. Nous, ça nous réussit plutôt pas mal !

Ça ne fait pas rire Bastien. On dirait que pour effacer sa douleur, il a lui-même décidé de disparaître. Il a rendu les armes. Je tente une dernière stimulation en lui posant une question dont je suis sûre qu'il connaît la réponse.

— On peut vivre très vieux en se droguant. Regarde Lou Reed qui vient de mourir, il avait quel âge ?

— Soixante et onze ans.

Stratagème gagnant. Mais je vois bien que Bastien n'a aucun espoir qu'un seul de ses lendemains puisse chanter. J'ignore comment lui parler. Je n'ai jamais rencontré quelqu'un qui soit dans une telle disposition vis-à-vis du monde.

Ma première camarade se fait alors connaître. Un tantinet plus jeune que moi. C'est Katy-Subutex – le Subutex étant le produit de substitution à l'héroïne, ou autres opiacés, qui nécessite généralement une nouvelle cure en vue de son arrêt. La drogue est un serpent qui se mord la queue… Katy est du genre fort en gueule. À prendre ou à laisser. À l'aise dans son survêt'. Au même moment, la pauvre Yasmine s'avance, enchaînée à une perfusion sur roulettes dont les tuyaux viennent se brancher dans son nez. Elle s'enquiert avec délicatesse de mon identité et me souhaite la bienvenue, si elle peut dire. Cette belle Orientale affiche un sourire maternel. Elle non plus ne fait pas mystère de ses coupables penchants. La douce alcoolique de vingt-huit ans est, depuis peu, condamnée à vivre avec sa poche en suspension en guise d'alimentation. Elle ne peut plus ingérer que du liquide. La bière a causé des dégâts irréversibles à son foie, déjà attaqué par des années d'anorexie. Avant l'Albatros, elle était hospitalisée au centre hépato-biliaire, la porte d'à côté dans cet immense complexe hospitalier. Si elle boit à nouveau, elle est en danger de mort. Malgré ce sort qui plongerait dans le pathos plus d'un polichinelle, Yasmine ne semble pas étrangère à la joie de vivre. Elle transpire la bienveillance.

Le temps de faire la connaissance de tout ce beau monde, vient mon tour d'être reçue par les infirmières pour les pilules. Rien de consistant, un petit Atarax, ce sédatif au nom aussi dur que l'effet en est mou. Après les salutations de rigueur, l'une d'entre elles s'adresse à moi. Muriel se tient derrière une sorte de commode à roulettes. C'est là que sont stockés les médicaments. À double tour. On se méfie de nous. La jeune femme à la crinière blonde délavée est habillée comme une fidèle lectrice de magazines féminins. L'accent est résolument parisien. Elle entame une série de questions concernées qui soulèvent des problèmes dont elle n'a pas la solution :

— Vous n'êtes pas trop angoissée ?

Si. J'abandonne ma famille, ma maison, ma vie et surtout mes béquilles existentielles. Ma bouée de sauvetage, sans laquelle je vais me noyer dans mon vide intérieur. Et ce n'est pas vous qui allez me donner de l'amour ou de la drogue. Passez donc votre chemin, mais merci pour votre sollicitude.

— Non, ça va. Je m'acclimate.

— Vous avez des envies de conso ?

Oui, d'où ma présence dans ce lieu inhospitalier (ça ne peut pas être un hasard de la sémantique). Mais vous n'allez pas trouver la formule magique entre deux patients pour briser mes chaînes.

— Ça va.

— Bon, tant mieux, si vous avez besoin de quoi que ce soit, n'hésitez pas à venir nous voir.

* * *

C'est l'heure du souper. Direction le réfectoire-salle de télévision-lieu de vie. L'éclairage est orchestré par des néons cireux. Des patients se plaignent du froid, le pronostic vital du chauffage semble engagé. Au mois de novembre, c'est fâcheux. Alors on dîne en doudoune.

Le cantinier, William, a l'air tout droit sorti d'un feuilleton policier américain, avec sa calvitie, ses yeux enfoncés et sa bonhomie virile. Nous gagnons une des tables communes après avoir attrapé un plateau à notre nom, ce qui pose d'ailleurs un problème à ma voisine, à l'allure aristocratique. Ces velléités cachottières chatouillent ma curiosité. Mais il est un peu tôt pour m'enquérir de son patronyme. D'autant que, comme Katy, elle a cette assurance de celles qui ne s'en laissent pas conter. Diane, au milieu des autres patients avec leur faciès érodé, a l'air insolemment sain avec sa crinière feu et ses taches de rousseur, sportif même, malgré quelques rondeurs et sa petite taille. Vivace et prête à s'embraser. Elle harangue :

— Ah non, on ne laisse pas la télé allumée quand on dîne. On a dit qu'on éteignait pour les repas.

Elle obtient gain de cause avant de finir de parler. Elle est comme ça Diane. Cocaïne.

Deux hommes – Parisiens-de-l'est-dans-leur-quarantaine – se joignent à notre table. Alexandre a un physique agréable et de l'humour. Le cheveu poivre et sel, fraîchement bouclé. Jean-Luc est le sosie de John Lennon, qui aurait lui aussi fini à la Poste. D'ailleurs il est postier. Tous deux reviennent de l'héroïne. Sniffée pour Alexandre, injectée pour Jean-Luc. Sur le chemin de la rémission, ils ont fait un stop, respectivement par l'alcool et par la méthadone (comme le Subutex, la méthadone est un produit de substitution des opiacés, une drogue « meilleure », en somme).

Katy, Diane, Alexandre, Yasmine et Jean-Luc forment un groupe qui a les apparences de l'amitié. Les palabres vont bon train. Tous des fortes têtes, sauf le postier rock'n'roll, plutôt du genre conciliant et doux. Il semble proche de Yasmine. Mais les relations amoureuses ne sont pas tolérées en addictologie. C'est inscrit sur le règlement affiché dans nos chambres. Je me sentirais presque comme un poisson dans l'eau. Ce qui ne serait finalement pas si étonnant pour une addict parmi les addicts. Les autres groupes sont plus taiseux, un homme est même seul tandis qu'une autre table est occupée par deux Arabes flegmatiques.

Katy arbore un pyjama bleu comme moi. La tenue de baptême de désintox. Elle n'a même pas pris la peine d'intercepter son plateau-repas et préfère se contenter d'une soupe déshydratée du supermarché. Il est vrai que la nourriture proposée est à la gastronomie ce que la télé-réalité est à la culture. Je lui demande :

— T'es arrivée aujourd'hui aussi ?

— Ah non, moi je suis ici depuis deux semaines, mais je suis punie.

— Il y a des punitions pour adultes consentants ici ?!

— Ouais. J'ai consommé.

— Du consommé ?

— Non. J'ai fumé du shit et ils m'ont chopée avec mes urines.

— Mais comment vous avez fait rentrer de la drogue ici ?

— Steve a fait venir un dealer dimanche dernier. Il a pris de la coke et fumé du shit. Moi j'ai pris que le shit.

Je rangeais donc à tort dans la liste des légendes urbaines les affirmations de circulation de drogue dans les cures de désintoxication. Un canular comme le serait l'échange sous le manteau de Kinder Bueno dans une cure de thalasso amaigrissante.

— Mais pourquoi ils te remettent le pyjama bleu ?

— Pour te faire chier. T'as pas le droit de sortir du pavillon, genre pour aller à la cafète, et normalement ils te prennent ton téléphone. Mais je leur ai dit que j'allais péter un plomb si j'avais pas ma musique. C'est clair.

— Il y a une cafétéria ici ?

— Pas dans ce bâtiment. Juste à côté. Au centre hépato-biliaire. C'est pas gai, ils sont tous comme Yasmine, avec leur perf en laisse.

Katy ne paraît pas très à cheval sur le règlement. Je lui emprunte son téléphone pour écrire à François, le père de mes filles, et lui donner quelques nouvelles en cachette des infirmières. Elle me couvre. Une cure a décidément un côté colonie de vacances...

Il semblerait que les pilules que l'on m'a données méritent davantage de respect de ma part. Je n'ai même pas le loisir de regretter mon régime addictif. Diane me donne son numéro de chambre si j'ai besoin de quelque chose. Yasmine s'empresse de l'imiter, avec son indécrottable sourire de miel. Je chancelle, le sommeil m'appelle.

# 2

Petit matin, une infirmière entre avec un bonjour à l'entrain un peu forcé. J'émerge dans un brouillard gluant. Le cerveau en étau, la cervelle au scalpel. C'est que j'ai trop soufflé sur les braises. Un mal de tête m'a menée aux pastilles qui m'ont ramenée au mal de tête. Consommés sans modération, les antidouleurs alimentent le mal qu'ils sont censés combattre. On continue néanmoins à les ingurgiter car ils se cachent derrière un voile d'efficacité. Ils font effet un bref instant, puis la douleur redouble de vigueur. Aujourd'hui, pour la première fois depuis des années, je tords le cou à l'habitude. Je ne peux plus commencer ma journée en apprenti sorcier. C'est comme demander à une voiture de rouler sans carburant.

L'infirmière me tend un petit pot en plastique transparent :

— Tenez, c'est pour vos urines. On les contrôle deux fois par semaine, le mardi et le vendredi.

— D'accord, merci.

J'articule en relevant le drap. Peine perdue.

— Je vous attends. Vous devez bien avoir envie de faire pipi au saut du lit.

La confiance règne…

— Le petit déjeuner est bientôt servi, vous devez aller prendre votre traitement.

Il y a foule devant le poste de soins. Ceux que je n'ai pas encore rencontrés, encouragés par le pyjama bleu, me souhaitent la bienvenue. J'essaye de sonder la difficulté de l'expérience dans laquelle je viens de m'engager :

— Ce sont les deux premiers jours les pires ?

— Oui, ça ira mieux quand tu récupéreras tes affaires, assène Katy.

— Oh non, le pire c'est dix jours, le temps que je suis là ! opine avec gouaille un homme dans la cinquantaine.

C'est Patrick. Alcool.

— C'est tout le temps difficile, soupire Yasmine. Ça va toi, tu as réussi à dormir ?

Le café du matin est servi dans les brocs de la soupe du soir. D'un côté, une inscription au marqueur noir indique « café », et de l'autre, « pommes de terre ». Manifestement, il y a du vol alimentaire entre pensionnaires, car l'un d'entre eux rappelle à haute voix que nous n'avons droit qu'à une seule portion de beurre et de confiture chacun.

Nous ne sommes pas autorisés à parler de drogue entre nous. Mais moins de vingt-quatre heures seront suffisantes pour que je goûte au plaisir de discuter de nos produits favoris avec d'autres dépendants. J'ai à nouveau annoncé ma couleur, la codéine et le Décontractyl. La majorité des patients ne connaissent pas cette dernière substance. Alexandre s'en amuse, jamais il ne l'aurait rangée parmi les stupéfiants possibles. Il n'a pas eu l'idée de les avaler à jeun par poignées entières.

— Tu la trouves où ta codéine ?

— Dans la Prontalgine ou le Codoliprane.

— Mais il y a du paracétamol dedans ! C'est hyper toxique pour le foie !

Plusieurs voix s'étonnent en chœur. Apparemment, ces addicts-là ne sont qu'à moitié d'accord pour s'empoisonner. Je bénéficie d'un conseil avisé de la part de Steve :

— Faut pas que tu prennes ça. Gobe plutôt du Néo-Codion. C'est quasiment que de la codéine.

— C'est en vente libre ?

— Oui, pas de problème[2].

Ce n'est pas tombé dans l'oreille d'une sourde, et

2. Depuis juillet 2017, les médicaments à base de codéine ne sont disponibles que sur prescription médicale (NdE).

c'est justement parce que je ne suis pas sourde que je suis là.

— Mais le Décontractyl, vous n'avez jamais essayé ? Avec de l'alcool ?

Une association qui réveille les meilleurs souvenirs d'Alexandre, mimant la goutte de Rivotril, un anxyolitique, qu'il envoyait nager dans la dernière gorgée de bière. Les chiens sont lâchés. S'ensuit une effusion verbale comparable à celle de gourmets qui deviseraient de leurs plats préférés. Quand d'autres disserteraient sur la cuisson parfaite d'une côte de bœuf, j'invoque la mémoire des bien nommés suppositoires Lamaline. Maligne, moi, je ne l'étais pas, puisque je ne savais pas en extraire l'opium, alors qu'il suffisait de les faire bouillir pour récupérer les résidus marron, comme me l'explique Katy avec les gestes d'une cuisinière remuant une bonne soupe.

La cigarette est la seule drogue tolérée, alors je décide de recommencer à fumer, d'autant que cela me permet de rester au contact des autres. Entre les repas et les activités, c'est dans le jardin-couloir que se réunissent les recrues, bravant le froid et la pluie de novembre pour s'adonner à la clope. La nicotine donc, comme toute « bonne drogue », permet de faciliter les échanges. Elle crée du lien social, comme on dit. Ce qui n'est pas le cas de tous les élixirs. L'héroïne en injection isole l'individu du groupe, le forçant au repli d'un voyage intérieur. S'il fallait délimiter la frontière entre la drogue dure et la drogue douce, je la placerais peut-être à ce niveau. Les drogues qui invitent au repli sur soi seraient les dures, et les douces celles qui favorisent l'échange avec l'autre (même si pour le dépendant, toutes les substances finissent par emmurer). En prenant de la drogue, on explore une autre dimension, et donc une nouvelle approche d'autrui. Je ne considère pas les mots prononcés sous l'effet d'un stupéfiant comme nuls et non avenus. Ils ne sont pas les vains propos de l'ivresse. En faisant taire les angoisses, la drogue révèle une vérité. Une vérité qui peut parfois n'exister que dans le temps du trip. Mais qui a quand même existé, et existe toujours en latence. Aldous Huxley est allé explorer cette transcendance, me rappelle Damien en allumant sa deuxième cigarette à l'aide de la première. C'est un autre pyjama bleu, un nouveau comme moi et non un puni comme Katy. Ce patient qui flirte avec la quarantaine a un accent provincial indéfini.

— Dans *Les Portes de la perception*, il raconte ses expériences sous mescaline, c'est la même chose que le peyotl, ça vient d'un cactus. On en voit dans un épisode de *Breaking Bad*.

Damien, la vingtaine à peine entamée, a l'air figé et méfiant. Mais nous venons d'aborder un domaine dans lequel il se sent performant.

— Il illustre un peu ton idée. Les drogues nous permettent d'entrer en communion avec le monde, car elles nous dépouillent de toutes nos chaînes psychologiques. Tu sais comment il commence, son texte ? Par une citation de William Blake : « Si les portes de la perception étaient nettoyées, chaque chose apparaîtrait à l'homme telle qu'elle est, infinie. » C'est pour ça aussi que Jim Morrison a baptisé son groupe The Doors. J'ai le livre ici, je te le prêterai si tu veux.

— Nous revoilà en train de parler de drogue en tout cas ! Je comprends qu'ils aient pensé à inclure cette interdiction dans le règlement de l'hôpital. Mais c'est illusoire.

— C'est pas Rimbaud et Verlaine qui vont me faire oublier l'alcool ! intervient Patrick. Quand je pense que les chambres sont réparties dans des ailes aux noms d'alcoolos. Le pire, c'est Verlaine. Verlaine, il était tellement alcoolo qu'il a bu son petit frère.

Scepticisme amusé...

— Si, si, sa mère avait fait beaucoup de fausses couches avant de l'avoir, et elle gardait les fœtus dans du formol sur la cheminée familiale. Et Verlaine, un jour de manque, a bu le formol où baignait son frère.

On en apprend de belles...

* * *

De l'autre côté de la vitre de notre bocal à ciel ouvert, Bastien marche comme un somnambule, une valise à la main. Il quitte le service. Il a servi son temps réglementaire de trois semaines. Je n'aurai pas l'occasion de crever le mystère de sa souffrance.

J'ai l'impression qu'on relâche un animal terrorisé dans un environnement où il ne pourra survivre.

C'est qu'on y est bien, en addicto. Bien comme dans un terrier. Bien comme dans les coulisses une fois que le spectacle est fini. Ou comme dans un abri antiatomique. L'Albatros bat de l'aile avec ses murs décrépis et son mobilier soviétique, mais c'est une communauté où l'on se livre, esquivant les regards du monde extérieur. Personne n'a rien à prouver. Car on vient se mettre à nu. Je ne l'avais pas prévu. Le pyjama bleu est moche, comme tout le reste, mais il est symbolique. On quitte nos vêtements pour adopter la même tenue que les autres malades. Dépouillés et égaux.

Hier, Diane, au détour de la conversation, a évoqué ses voyages en Italie et au Mexique pour jouer au golf, ou en Afrique pour chasser. Elle est manifestement plus à l'aise avec ses origines sociales que moi, qui craignais d'être la bourgeoise de service. C'est une noceuse assumée et une cheffe d'entreprise à qui tout réussit. Elle est impétueuse, parfois véhémente.

— Dis donc, t'es sacrément speed. C'est étonnant que tu aies besoin de cocaïne.

— Oui, on me le dit souvent. Mais moi, ça me calme, figure-toi.

Aujourd'hui, elle invoque le souvenir de séjours en Tanzanie ou aux Seychelles. Avec Gabrielle. Ce prénom vient régulièrement scander son discours.

Comme si son identité était une évidence. Mais le plus étrange, c'est qu'elle semble désigner un fantôme. Je n'ose pas l'interroger. Ma curiosité triomphe :

— Tu parles de Gabrielle comme si elle était morte.

— Forcément. Elle est morte.

— C'était qui ?

— Ma copine. On a eu un fils ensemble.

— Qu'est-ce qui lui est arrivé ?

— Overdose.

— Je suis désolée.

Ses mots trahissent une émotion, mais sans pathos. On dirait qu'elle ne laisse pas la douleur la rattraper, bien qu'elle ne détourne pas le regard. Puis, sans crier gare, son malheur s'empare d'elle. Et elle s'étrangle.

— Pardon, je dois sortir.

Sa voix se brise. Elle quitte la table à toute vitesse pour ne pas exposer ses larmes. Elle avait l'air inébranlable, cette Diane. Son effondrement inopiné n'en est que plus aigu. J'ai le cœur essoré. Je voudrais la suivre. Mais elle n'est pas de celles qui partent pour qu'on vienne les chercher. Les autres l'ont compris. Dans leurs réactions, je vois leur manière d'approcher la douleur. Personne n'est bouleversé. Pas même mal à l'aise. Pas de l'indifférence, ni du cynisme. Plutôt une résignation consciente et mesurée. La pointe du vécu ne peut pas être arrachée du flanc. Ils acceptent l'éclat de Diane, comme un orage qui doit passer. Ils ne la jugent pas. Ils accueillent sa personne et la souffrance qui va avec. Quelle aide dérisoire pourrions-nous trouver face au tumulte qui vient de l'emporter ?

Son plateau-repas attend son retour. J'en profite pour y déchiffrer ce nom qu'elle veut taire. Un de ces patronymes remontant aux croisades qui encombrent de leur aristocratie nos livres d'histoire. Des ancêtres ayant occupé en vrac tous les emplois prestigieux de l'Ancien Régime, des châteaux monuments historiques et des aïeux plus proches intoxiqués aux Beaux-Arts plutôt qu'aux substances. Encore que. Ce n'est pas pour autant une fin de race. Mais son allure et ses façons trahissent une ascendance prestigieuse qu'elle souhaite bien légitimement préserver.

Diane ne mettra pas longtemps à se ressaisir. Elle regagne bientôt la table, les yeux un peu rougis. La vie continue. Elle est remontée dans le train. Personne ne lui a fait l'affront de lui tendre une main inutile qui ne ferait que souligner sa chute. Mais des regards discrets lui souhaitent la bienvenue.

* * *

Malgré les cinq mois sur liste d'attente pour ce service réputé, je n'avais pas voulu me projeter avant de venir ici. J'avais même refusé de visiter le centre. J'avais bien fait, c'était un coup à renoncer à mon projet de désintoxication et à doubler mes prises pour faire passer la pilule. Contrer mon assuétude aux médicaments constituait déjà un renoncement majeur. Mais sacrifier tout le confort moderne, ou presque, m'aurait semblé insurmontable. Étrangement, l'épreuve des faits est plus aisée que je ne l'aurais imaginé. Quand on se projette, c'est toujours sans ressources. Une fois au bal, on danse. Je me sens portée par cette vie en communauté. Qu'est-ce qui rend nos interactions si faciles ? À l'infirmière qui me demande comment se passe l'hospitalisation en me fournissant mon traitement, je fais part de la sympathie que je ressens envers les autres patients. Sa réaction est inattendue.

— Vous savez que les relations entre patients sont éphémères ?

— Ce n'est pas marqué dans le règlement.

— Je préfère que vous le sachiez.

Sur le coup, je ne saisis pas s'il s'agit d'une interdiction ou d'une prévision. L'avenir me le dira.

Ce sentiment de cohésion émane-t-il du fait que nous n'avons plus à mentir ? À l'extérieur, notre addiction doit être dissimulée. Ici, elle est affichée. Assumée, tout du moins. Elle accède au grand jour. Il en résulte que les patients se révèlent à eux-mêmes. Aucun d'entre eux n'est dans une posture. Les addicts affectionnent l'authenticité. La crudité des relations avec l'autre, même. La fin des boniments dans les échanges sociaux. Ils souffrent de l'imposture du monde. On doit marcher la tête haute comme si la mort n'était pas prête à nous faucher n'importe quand, sans prévenir. Pour que le monde fonctionne, il faut que nous soyons raisonnables. Raisonnables ? Il faut être fou plutôt pour être normal.

Tout ce manteau de conventions dont nous nous drapons pour nous adresser les uns aux autres, les addicts veulent le réduire en lambeaux. C'est l'hypocrisie qui gangrène l'esprit, pas les produits. Mais il est suicidaire de vouloir embrasser la vérité comme nous le désirons. L'essence de la vérité est de se dérober.

Mon immersion chez mes camarades de défonce me conforte. Car je découvre que les drogués n'ont pas besoin d'être shootés pour se livrer. Ici, on a rendu les armes et on n'est plus soumis aux simulacres de l'extérieur. Sans nos substances habituelles, et sans place à occuper dans l'organigramme de la société, nous sommes simplement nous-mêmes. Dépouillés. Nos interactions en sont assainies. Rien à prouver, tous égaux. Dans une telle communauté, les liens qui se forment sont bruts et riches. Mais une fois dehors, lorsque la grande comédie aura repris, comment ferai-je sans mes produits ?

En attendant, je me lance à corps perdu dans cette vie de groupe où je trouve une nouvelle identité, loin de mes repères chimiques et sociologiques. Et puis il n'y a rien d'autre à faire. Les quelques ateliers prévus sont annulés pour toute la semaine sans plus d'explications. Ici, la dépendance n'est plus un tabou car nous souffrons tous du même mal. Et nous sommes tous là pour tenter de le dompter.

Ce dont nous avions honte, nous le partageons désormais. Geneviève, une femme divorcée qui porte les stigmates de l'alcool, évoque ses cachettes pour cannettes hors de la vue de ses enfants. Ses planques incongrues, comme le lave-vaisselle ou le tiroir à chaussettes, me rappellent les miennes, destinées aux paquets vides de comprimés venant fleurir mes culottes ou se faire oublier dans les affaires de la saison inverse. C'est le genre de situation tragi-comique qui secoue de rires notre communauté iconoclaste. Pourtant, à peine née, notre clique va subir une première perte. Jean-Luc apparaît, tout dépité. Ses grands yeux globuleux distillent une tristesse accablée.

— Yasmine est partie. Elle a abandonné... Elle ne supportait plus d'être privée de nourriture, la pauvre, ajoute-t-il avec un petit sourire.

Puis, de timide, le sourire devient candide :

— Elle m'a laissé son numéro.

Ça sent le flirt, tout ça... Yasmine a récupéré sa liberté car personne n'est enfermé contre son gré à l'Albatros. Les dépendants passent pour des personnes dénuées de volonté. Or pour s'interner ici, il faut plus que de la volonté, il faut du courage.

# 3

Le glas a sonné pour le pyjama bleu. Je suis intronisée dans l'ordre des dépendants du service addicto. Je récupère l'ensemble de mes affaires, dont mon téléphone. Ces premières quarante-huit heures m'ont désintoxiquée de la connexion perpétuelle (car évidemment, il n'y a pas de wifi à l'Albatros). Aucun symptôme de manque à déplorer de ce côté-là. Voilà qui éclaire la différence entre addiction et soumission. La première nous tient en rênes courtes et les mâchoires serrées, tandis que la seconde peut disparaître dès que le téléphone est relégué loin de nos mains. Être soumis est passager. Ça va, ça vient. Et les réseaux sociaux sont une soumission à un conformisme généralisé, version moderne des soirées diapo et des kermesses locales. Dans conformisme il y a confort, dans l'addiction il n'y en a aucun. En droit romain, *addictus* désigne le débiteur qui, pour payer ses dettes, peut aller jusqu'à se réduire en esclavage.

Une fois tombé le déguisement de Schtroumpfette souffreteuse, je suis autorisée à quitter le pavillon pour explorer le reste de l'hôpital. Je peux, par exemple, faire une promenade de santé en partant de la morgue en face, pour relier le pavillon psychiatrie aux fenêtres obstruées par des barreaux, saluer les anorexiques qui font de la marche rapide autour de leur unité pour brûler les graisses imaginaires, et enfin me reposer devant le centre gériatrique. Mais Katy la racaille et Diane l'aristo ont une meilleure idée pour fêter la petite part de liberté que je viens de gagner. Allons déjeuner à la cafétéria du centre hépato-biliaire. Cancers du foie, cirrhoses, pancréatites, tout ça... Le concepteur des lieux a voulu y exprimer sa singularité. Une torture architecturale. C'est donc une forme pyramidale noire, décapitée, qui nous avale. Et nous, nous venons y avaler une nourriture d'aire d'autoroute. En dessert, on s'offre quelques feuilles de chou du coin presse. Un livre a suscité mon intérêt. Diane me l'arrache des mains pour me l'offrir.

Le règlement stipule que toutes les activités sont obligatoires. Mais le cours de danse de l'après-midi, finalement maintenu, a été déserté. Après le déjeuner, Diane et moi sommes pourtant enthousiastes à l'idée d'embrasser ensemble le ridicule de chorégraphies en arythmie. Mais nos collègues – car

Patrick nous appelle ainsi désormais – n'ont pas été séduits par la perspective de cet intermède bouffe. Armées du même élan, Diane et moi enjoignons Alexandra, notre maîtresse de cérémonie, d'attendre que nous fassions le tour du rez-de-chaussée pour trouver d'autres cobayes. Nous jetons notre dévolu sur Patrick, qui regarde la télé avec son binôme, Geneviève. Même âge (la cinquantaine), et même substance (alcool). Cet ancien jockey a le torse bref, les globules rigolards, et la gouaille d'un rustaud au grand cœur. Sa déférence sans obséquiosité ne peut nous opposer un refus. Steve, lui, erre les mains dans les poches de son jogging à bandes. Il porte un tee-shirt avec une inscription trouble, presque comme si les lettres se dédoublaient : « Le manque d'activité sexuelle provoque des troubles de la vue »...

— Sympa ton tee-shirt, Steve !

— Je l'avais acheté pour mon père, mais il a pas osé le porter, rétorque-t-il, espiègle.

On ne laisse pas le choix à notre petite crapule et nous voilà engagés dans une danse endiablée. Une partie de fox-trot entre quatre malades dépendants venus de quatre planètes éloignées. Le tout orchestré par Alexandra, la prof d'éducation physique dans toute l'évidence de son archétype. Des muscles criards des pieds à la tête, et une silhouette boudinée par ces excroissances. Un entrain de *happy* kapo, des envolées de GO anémié. Rapidement étourdis de chorégraphie, on en perd notre gauche et notre droite. Patrick, dans un élan appliqué, se prend le miroir et s'excuse auprès de son reflet. Steve s'emmêle les pinceaux. Quand il n'arrive pas à exécuter un pas, il ne dit pas *ça m'énerve*. Il dit *ça me chagrine*.

À notre sortie, nous notons une effervescence parmi nos collègues. Ils nous passent le mot : le personnel soignant décrète une réunion illico avec les patients. Nous sommes tous convoqués dans le réfectoire. Trois blouses blanches, une psychiatre épaulée par deux infirmières, nous invitent à nous asseoir. Elles président debout.

— Bonjour, pour ceux qui ne me connaissent pas, je suis le docteur N. Si j'ai voulu vous voir aujourd'hui, c'est que nous avons des problèmes avec certains d'entre vous.

Sans savoir de quoi il s'agit, Katy et Diane commencent à protester, comme le feraient deux lycéennes dont l'indiscipline automatique assoit la popularité.

— Je vous serais reconnaissante de bien vouloir me laisser parler.

La psychiatre conserve son calme. Le personnel soignant doit exercer une autorité délicate sur la communauté du service d'addictologie. Nous ne sommes pas des malades comme les autres. Nous n'avons pas perdu la tête et nous ne sommes pas blessés. Nous sommes ici de notre plein gré, mais nous devons être encadrés. Sans être infantilisés, ni houspillés. Le ton du médecin n'est pas affirmé.

On sent qu'elle ne maîtrise pas totalement l'art de la communication avec les patients dépendants. Faut-il s'adresser à nous comme à des malades, alors même que nous sommes les seuls à pouvoir être exclus de l'hôpital en cas de rechute ?

— Je tiens à vous rappeler que la présence aux repas est obligatoire. Or, certaines personnes n'y sont pas venues.

Diane ne la laisse pas terminer sa phrase. Elle s'engage, polie et imposante.

— Oui, vous avez bien fait de le remarquer, ce sont des moments où on a envie de changer de la nourriture d'ici, on est un petit groupe et on propose à ceux qui le souhaitent de nous accompagner.

— Je sais que la nourriture n'est pas très bonne, mais c'est très important que vous soyez ici aux repas.

Katy, cabocharde, à la limite de l'agressivité :

— Donc on n'a pas le droit d'aller à la cafète ?

— Si, mais le repas fait partie du règlement. Vous devez être présents. Vous pouvez aller à la cafétéria après.

— Donc on peut aller déjeuner à la cafétéria mais pas à l'heure du déjeuner ?

Katy brûle, c'est un volcan qui couve. La psychiatre ne répond pas à ses provocations.

— Pourquoi je fais allusion à la cafétéria ? C'est parce qu'on a trouvé, sans citer personne, qu'il y avait des bilans revenus positifs par rapport à certains patients.

Un bilan positif, entendre : un patient qui s'est intoxiqué en pleine cure de désintoxication.

— C'est bon, tout le monde sait que vous parlez de moi, grogne Katy.

Diane me chuchote à l'oreille : « C'est bizarre, Steve n'est pas là. »

— Non, je ne faisais pas allusion à vous, mais je voudrais vous prévenir aussi que dans la cafétéria, il peut y avoir des produits qui circulent. Cela peut vous mettre en difficulté.

— Docteur, vous venez juste d'informer des drogués d'un point de deal, tance Alexandre. C'est une information à double tranchant !

— Je vous rappelle aussi que les bières dites « sans alcool » que vous pouvez trouver là-bas sont prohibées car elles contiennent tout de même un petit niveau d'alcool. Je vous remercie.

Ce genre de remise au point à l'improviste, soignants contre patients, a le mérite de souder la communauté. On s'indigne ensemble, même s'il n'y a pas de quoi. Et puis on n'a que ça à faire, les cancans et les coups de gueule. Je fais part à mes collègues de mon doute concernant la présence de dealers dans l'enceinte de l'hôpital. Mais Alexandre me raconte une anecdote qui illustre la dérive charognarde de certains marchands de substances. Lors de sa dernière hospitalisation, un des patients avait bénéficié d'une permission de sortie pour aller acheter des cigarettes. À peine un mètre au-delà de la grille du centre hospitalier, un dealer lui était tombé dessus, avec du crack en rayon. Le patient n'a pas pu acheter de cigarettes. Il a dépensé tout son argent chez ce vil opportuniste.

Au dîner, Steve manque toujours à l'appel. Katy monte prendre de ses nouvelles. Mais sa chambre est vide. On comprend vite. Il est parti. Exclu. Il a dû plier bagages, sans même avoir le temps de nous dire au revoir. Les médecins avaient déjà toléré deux écarts.

— C'est terrible à dire, mais il ne s'en sortira jamais, regrette Diane.

Katy ajoute :

— En plus, il va se retrouver à la rue. Son père lui a dit qu'il le jetterait s'il n'allait pas au bout de la cure.

Diane soupire :

— Le pauvre...

Puis, passant du coq à l'âne :

— Ça fait combien de temps que tu consommes, toi ?

Je lui réponds :

— Huit ans.

— L'autre jour tu parlais de tes filles, elles ont quel âge ?

— Deux et quatre ans.

— Elles ont des séquelles de tes consos quand elles étaient dans ton ventre ?

— Non. J'ai appris ma première grossesse très tôt, complètement par hasard, lors d'un contrôle de routine chez la gynécologue. L'embryon avait une semaine. Pendant les dix premiers jours de sa vie, il n'est pas en contact avec le sang de la mère, il n'a donc pas été exposé à la débauche de Stilnox dans laquelle je me vautrais.

— Et t'as réussi à arrêter du jour au lendemain ??

— Oui, mais à quel prix ! Pendant quarante-huit heures, j'ai été la proie de féroces symptômes de manque. J'étais au bord de la folie. On aurait dit une scène de *Trainspotting*. L'horreur.

À l'annonce surprise de ma grossesse, j'ai su que je suspendrais mes prises. Une évidence. J'étais novice dans la toxicomanie, je n'avais aucune idée de ce dans quoi je m'engageais. La privation brutale des benzodiazépines que je consommais à outrance depuis le viol m'a imposé le plus violent des sevrages. J'ai en mémoire une sourde confusion, des sueurs froides, des palpitations, des nuits morcelées. Une telle tension physique que les assiettes et même le mobilier ont volé. Et une si grande solitude, un retranchement en mon corps, éloignée de François pourtant présent, tout près, mais impuissant. Ici nulle question de volonté. À aucun moment la pensée de consommer ne m'a traversée. Consommer, c'est aussi me consumer, littéralement m'anéantir, me détruire. Les victimes de violence reproduisent la violence. À l'égard des autres, comme mon violeur, ou à l'égard de soi-même, comme beaucoup de toxicos. Dès lors que mon corps portait la vie, je ne pouvais plus y attenter. J'éprouvais cet interdit dans ma chair. Je ne suis pas tombée enceinte. Je me suis relevée.

— Et pour ta deuxième grossesse, t'as arrêté comme ça aussi ?

— Oui, mais un peu plus tard. Le labo qui avait fait la prise de sang m'avait donné un faux résultat ! Alors pendant un mois, la petite a picolé et gobé avec moi. Mais ça lui a pas mal réussi. C'est un condensé de vitalité et de joie de vivre !

— Bah alors, si tu as pu arrêter comme ça deux fois, pourquoi tu ne peux pas maintenant ?

— Quand je portais mes filles, mon corps ne m'appartenait plus. C'était le leur. Et elles, je ne pouvais pas les intoxiquer. Je n'ai pas le même respect pour moi. Mais ça ne s'explique pas vraiment. Un instinct de préservation venu d'ailleurs. Et toi, comment tu as fait enceinte ?

— Je ne sniffais pas à cette période. J'étais toco sur les bords à l'âge de vingt ans, et j'ai fait une cure au Canada. J'avais arrêté, mais j'ai repris après la mort de Gabrielle.

Entre la liberté et la prison, il y a la cure de désintoxication. On y abandonne sa liberté de plein gré. En vérité, nous sommes enfermés dans une unité, les visites sont réglementées, toutes les affaires fouillées. On a échappé au détecteur de métaux. Les sorties doivent faire l'objet d'une permission et sont couronnées par un éthylotest de défiance. À chaque retour d'une virée hors les murs, que ce soit le temps d'une course, d'une après-midi ou d'un week-end, le personnel doit vérifier si l'escapade ne fut pas avinée. Les infirmières jouent donc aux matons en blouse blanche. Ajoutons que les salles d'ablution sont communes aux trois quarts d'entre nous, et que quatre infortunés doivent même partager leur chambre à deux. Le couvre-feu est à 23 heures. Enfin, on abandonne notre confort pour des conditions de vie dégradées (sauf pour Patrick, qui tutoie la misère). Les chambres sont monacales et on doit y passer un temps certain, étant donné qu'on est généralement livrés à nous-mêmes. Je n'ai pas à me plaindre de la vétusté de mon dortoir. Si « tout le malheur des hommes vient d'une seule chose, qui est de ne savoir pas demeurer en repos dans une chambre » (Pascal), je vais pouvoir m'enrôler sous la bannière du bonheur ici. Ce climat pénitentiaire n'est pas coercitif. On peut la reprendre quand ça nous chante, notre liberté, mais c'est à nos dépens. Comme si on se rendait coupable d'une évasion de nous-mêmes.

Au fond, je ne suis pas si mal. Je redoutais de me sentir inadéquate. Je me battais contre la supposition que je serais différente des autres patients en cure. J'essayais de ne pas faire de projection, mais dans un recoin de mon esprit résistait l'idée que j'allais sur une planète en tant qu'extraterrestre. Je n'avais pas évalué le champ des différences entre nous, ni celui de nos similitudes. J'ignorais que l'addiction était fédératrice. Et pas seulement en ce qui concerne les plaisirs de la consommation. Bien au-delà. Ce qu'on a en commun, c'est la même rayure sur l'âme. On a tous cherché à reconquérir notre innocence par l'effet psychotrope. On a tous donné la même direction à nos esprits. Littéralement, puisque *tropos* signifie « direction » en grec ancien et que psycho, *psukhḗ*, renvoie à l'âme. Je ne sais pas ce qui nous coûte le plus, renoncer à notre liberté ou renoncer à nos lubies toxiques ? Mais vu que l'on consacrait la première à satisfaire les secondes, l'incarcération est nécessaire pour nous tenir loin de nos plaisirs ennemis.

Cette nuit, j'ai ressenti les premiers effets du manque. L'insomnie induite par le sevrage résiste finalement aux somnifères qu'on m'a offerts. Le petit chauffage que j'avais judicieusement engoncé dans mes valises n'arrive pas à compenser l'absence de celui de l'hôpital. Ce n'est pas avec le linceul qui nous sert de drap que les nuits de novembre seront douces. Malgré le froid, je transpire abondamment. Pour fendre la nuit et tenter de trouver un sommeil fuyard, j'écoute *Beloved* de Toni Morrison en livre audio.

Il y a deux mois, le jour de l'anniversaire des huit ans de mon viol, j'ai vécu ces fameux flashs dont sont victimes les victimes. Je ne savais même pas qu'on était un 17 septembre. Je n'ai jamais fui les parkings depuis, contrairement à ma sœur ou à mes amies. Mes blessures ne sont pas dans mon sexe ou dans l'architecture. Ce soir-là – nous habitions près du palais de Tokyo dans le XVI^e^ arrondissement de Paris avec François et les filles –, alors que l'on remontait du parking tous les quatre, j'ai revécu toute la scène pour la première et unique fois. Je n'ai rien laissé paraître pour préserver les miens. Le mécanisme de dissociation à l'œuvre pendant l'agression était encore actionné : l'esprit voit ce que le corps ne peut sentir. Mécanisme redoublé par l'effet narcotique.

Ce soir, j'éprouve l'effet salvateur de la littérature ; l'art a toujours été un vecteur qui paradoxalement me décentre puis, à travers la Beauté, me reconnecte à mes émotions. Dans ma chambre résonnent les mots de Toni Morrison : « Le meilleur d'elle, c'étaient ses enfants. Les Blancs pouvaient bien la salir, elle, mais pas ce qu'elle avait de meilleur, ce qu'elle avait de beau, de magique, la partie d'elle qui était propre. »[3] Il était blanc. Et je suis noire à l'intérieur.

* * *

Chose promise, chose due, Damien me rapporte au petit déjeuner le livre d'Aldous Huxley, *Les Portes de la perception*.

— Je te le rends vite, promis.

— Prends ton temps, de toute façon, je n'arrive pas à lire ni à me concentrer.

Il prononce cette phrase comme il énoncerait une sentence. Quand il me parle, son regard est dirigé juste en dessous de mes yeux. Il a l'air enfermé à l'intérieur de lui-même. Loin dans la tourmente. Prisonnier d'une détresse muette. Je lui propose de s'asseoir avec Patrick et moi. C'est un geste humanitaire. Une

---

**3.** Toni Morrison, *Beloved*, Paris, C. Bourgois, 1987.

corde jetée pour le tirer de ses ténèbres le temps d'un plateau-repas. Heureusement, Patrick fait contrepoids. Terre à terre, l'ancien jockey buriné n'est pas embarrassé par lui-même comme le jeune adulte. Il est souvent comique. Parfois consciemment, parfois à son insu.

— Pourquoi tu n'arrives pas à lire en ce moment, Damien ? je lui demande.

— J'ai des troubles psychotiques, c'est récent, sûrement à cause des drogues. Mais pour l'instant mon psy n'arrive pas à poser de diagnostic.

— Ah, poser des questions, ils savent faire, les psys ! Mais pour poser des diagnostics, ça !

Les intonations de Patrick sonnent comme celles d'un comédien de vaudeville.

— Tu prenais quoi, Damien ?

— Quand j'étais à Genève, c'était l'héroïne. Là-bas, c'est beaucoup moins cher qu'en France. Genève, c'est un peu l'Amsterdam de la région. C'est pour ça que j'ai dû rentrer, la drogue était trop facile d'accès.

— Ah bon ? Je ne connaissais pas cette destination sous cet angle...

— C'est la mafia albanaise qui détient quasiment tout le marché de l'héroïne, ils cassent les prix. J'avais des copains qui venaient de Grenoble ou Saint-Étienne juste pour se shooter moins cher.

En Suisse, Damien officiait pour une ONG, qu'il avait intégrée après avoir obtenu son diplôme de sciences politiques. À vingt-sept ans, il a déjà publié un livre sur la politique et le climat. Depuis son retour au bercail, il est au chômage, et il a modifié son régime. Alcool au quotidien, injection de cocaïne une fois par semaine. C'est le remède le moins cher qu'il ait trouvé. Il est du genre à tenir une feuille Excel pour maîtriser économiquement ses dépenses psychotropes.

— Oh Damien, si t'étais riche, tu serais déjà mort d'overdose, glousse Patrick qui ne se laisse pas gagner par le tragique.

Moi, je tire sur la corde que j'avais lancée pour soulager Damien :

— Tu es brillant, Damien, tu retrouveras un super job dès que tu sortiras d'ici.

— Je ne peux pas travailler. J'ai des convulsions tous les jours et je fais des crises aiguës de paranoïa. Et parfois je tombe dans les pommes.

Curieusement, je ne me sens pas très à l'aise. Sa disgrâce m'engloutit. Alors je me tourne vers Patrick, railleuse :

— Et toi, comment tu les finances, tes substances ?

— Ah là là, quand j'étais jockey, c'était la belle vie. On sortait avec les copains et on comptait pas. On vivait imbibés. On faisait tellement la fête que j'ai fait deux comas éthyliques !

— Moi je préfère les comas idylliques !

— Après, j'ai fait boucher, mais je me suis blessé le dos, et maintenant je suis travailleur handicapé au chômage. Alors je bois mon RSA.

La vie lui est passée dessus et il garde le sourire, Patrick. Quand elle lui était clémente, ce devait être un sacré bambochard. Aujourd'hui, il vit dans un foyer d'accueil d'urgence à Nanterre.

— Les gens, ils se plaignent qu'ici, c'est pas confortable, que la nourriture est mauvaise, que les lits sont durs, mais moi chui bien ici. Le foyer c'est horrible, il n'y a que des immigrés, ils se battent tout le temps ; l'autre jour ils se sont affrontés avec un couteau. On n'a aucune intimité. Ma chambre est deux fois plus petite qu'ici, la porte ferme à peine et il y a plein de cafards. J'ai déjà dû appeler le 115 deux fois.

« Contre l'abomination d'être pauvre, il faut, avouons-le, c'est un devoir, tout essayer, se soûler avec n'importe quoi, du vin, du pas cher, de la masturbation, du cinéma[4] », écrivait Céline. Damien et Patrick charrient des douleurs dissemblables. À la tourmente intérieure du premier, répond la tourmente extérieure du second. Ce n'est peut-être pas étranger à leurs anciennes conditions respectives d'intellectuel et de sportif. C'est la vie psychique qui torture Damien, et la vie matérielle qui supplicie Patrick.

Même si Damien s'emmure parfois dans sa paranoïa, lui et Patrick sont encore assez vivants pour exhaler de la personnalité et du charme. Geneviève, elle, a disparu. Comme si, à force de souffrir, elle avait pris la décision de ne plus exister. Elle passe

4. Louis-Ferdinand Céline, *Voyage au bout de la nuit*, Paris, Denoël, 1932.

ses journées à regarder à travers la télé. Il émane d'elle une aura de lassitude et de malheur. Comme elle ne fume pas, nous ne la croisons qu'aux repas. Son visage porte la marque du découragement. De l'abdication, même. Elle a capitulé face à la déveine. Tellement habituée à regarder sa dérive qu'elle s'est accoutumée à être à la merci du flot mesquin du vide de son existence. Tout ce pour quoi elle vivait s'est volatilisé. Son mari est parti avec sa meilleure amie, elle s'est mise à boire et ses deux grands enfants se sont alors détournés. Elle leur a pourtant bien expliqué qu'elle n'est pas une léthargique vicieuse sans volonté, qu'elle souffre de la maladie alcoolisme. Ce sont les médecins qui lui ont dit. La progéniture n'aurait certainement pas fui de la sorte si c'était le cancer qui lui faisait sa petite affaire, à Geneviève. À moins qu'ils n'aient attendu qu'un prétexte pour couper le cordon avec celle qui leur avait donné la vie, mais ne leur donnait plus que des soucis.

C'est que ça isole, l'alcool. Elle est blasée de la tristesse, Geneviève. Mais Patrick sait la faire rire. Il est passé maître dans l'art de la chambrer.

— Geneviève, t'as demandé au toubib s'il soignait l'addiction à la télévision ?

Il conclut par un petit rire de la gorge. Avec ses jambes arquées, ses yeux roulant de satisfaction et son accent franchouillard, il est du plus bel effet comique.

— Il est grave celui-là, s'amuse Geneviève.

Alexandre s'en mêle :

— Hé, les alcooliques, c'est pas parce que vous êtes en majorité qu'il faut faire bande à part.

— Heureusement qu'on ne s'acoquine pas par substance, sinon je serais bien seule ! fais-je remarquer.

— C'est sûr, les gens qui ont eu l'idée de se shooter au Décontractyl, ils sont pas nombreux. Voire inexistants ! T'es une originale, toi ! Je me demande encore comment t'es tombée là-dessus, s'interroge Alexandre, railleur.

— La rencontre entre un produit et un addict, c'est le fruit de l'amour et du hasard, pour paraphraser Marivaux !

En un sens, on n'est pas si loin de Marivaux. Depuis que nous avons troqué notre pyjama bleu contre un jogging, devenu l'uniforme de notre coterie, nous avons changé de travestissement, comme au théâtre. Comme dans la pièce de Marivaux, nous avons effacé notre classe sociale. Les affinités électives ne rencontrent plus cet obstacle. Diane est certes remariée (à un homme cette fois-ci), mais elle ne cache pas être une femme aux mœurs légères, Alexandre et Jean-Marc sont tous deux en instance de séparation, avec jeunes enfants, Patrick est seul, Geneviève abandonnée, Katy fréquente un garçon mais sans projet de vie commune, et Steve ne vit entouré que d'acolytes du même sexe. De toute façon, cette ambiance nosocomiale n'incite en rien au marivaudage. Seuls Sofiane et Abdel, les deux musulmans modérés et amènes, ont, comme moi, une famille soudée. Pour beaucoup, la seule compagne, c'est l'addiction.

* * *

Les trois repas nauséabonds et les cigarettes fumées à la chaîne ne sont pas suffisants pour anéantir l'Ennui. D'autant plus que l'Ennui, on est habitués à le chasser à coups de cachets, de godets, de snif, de vapeurs ou d'injections. Quand on s'intoxique, le temps de l'empoisonnement, la solitude et l'ennui se dissipent. « Tuer ce monstre, le temps, n'est-ce pas l'occupation la plus ordinaire et la plus légitime de chacun ? » Baudelaire, grand amateur de psychotropes, savait. Les dépendants consomment pour contrer l'Ennui. Et la consommation l'alimente. L'Ennui devient un serpent qui se mord la queue.

Ce sont les anxiolytiques qui m'ont ouvert la porte des addictions. Ces molécules sont destinées à éliminer l'anxiété. Elles interviennent, en théorie, quand la volonté capitule face à l'angoisse. Quand cette dernière étend son empire sur la psyché. En pratique, c'est la petite faiblesse qui nous perd lorsque le marchand de sable est en rupture de stock ou pour alléger un stress intérimaire. Et puis on y prend goût. C'est qu'aujourd'hui, pour dompter la terreur existentielle, on ne peut plus en appeler au ciel. L'invasion des anxiolytiques dans le monde occidental correspond à la disparition du sentiment religieux. Le paradis (où l'angoisse, évidemment, est proscrite) était une destination pour laquelle on achetait un aller simple. C'était le florissant marché des indulgences. On cotisait pour le royaume de saint Pierre, comme on cotise aujourd'hui pour nos retraites. On n'avait pas à s'en faire pour la suite. En tuant Dieu, l'homme a dû renoncer à l'immortalité. Même joueur joue encore. Mais on n'a plus qu'une vie avant le couperet final. Hors de question de la gâcher avec des peurs intempestives. L'anxiolytique, c'est la tentation du joker. Quoi qu'il en soit, avec tous ces x, les Stilnox, Xanax et autres Lexomil ne m'ont pas empêchée de porter ma croix.

# 4

À l'aube de ce cinquième jour d'abstinence, j'expérimente la panoplie quasi complète du drogué en manque. À la faveur d'une sudation, j'ai dû me changer trois fois cette nuit, et surtout me résoudre à me couvrir d'un drap mouillé. Je titube dans mes vapeurs comme un bipède palmé fraîchement décapité. En m'agrippant, nauséeuse, aux bords de la cuvette, j'ai constaté que dorénavant je tremblais. Et mon chef me fait toujours l'effet d'un immense hématome. La codéine que j'affectionne est un membre de la famille des opiacés, une sorte de cousine de la morphine, sœur de l'héroïne ou héritière de l'opium. Un toxicophile qui s'approvisionne chez le pharmacien et qui peut gober en public sans affronter de regard torve connaît le même sevrage qu'un toxicomane qui se pique dans une cave et se fournit auprès d'un dealer véreux. Le premier n'est pas un hors-la-loi, le second si. Ce n'est hélas pas la seule aberration concernant les représentations et classifications des stupéfiants. Il est saugrenu de criminaliser certaines substances, et d'autres pas. Pourquoi l'alcool et les médicaments sont-ils légaux lorsque le cannabis et la cocaïne sont interdits ? Il serait tout aussi inepte de considérer comme légal ou pas le cancer selon les organes où il s'insinue. On n'imagine pas que le cancer du poumon puisse être illégal et pas celui de la prostate. Le statut juridique des produits psychoactifs est aussi absurde que ça.

* * *

Aujourd'hui, la valse des patients a entamé son premier mouvement. La remplaçante de Yasmine est arrivée dans les murs. Je ne l'ai pas encore croisée, mais Alexandre et Jean-Luc colportent l'information, manifestement ravis de saisir cette occasion de sortir l'Albatros de sa torpeur.

— Oh là là, vous avez vu la nouvelle ? ! Elle est complètement bourrée, elle nous a pris dans ses bras pour nous dire bonjour ! Elle nous a dit qu'elle s'appelait Nadia.

Je ne suis donc pas la seule à faire mes premiers pas à l'Albatros dans un état second. Comme la veille d'un régime, on se gave une dernière fois. Une ultime intoxication avant le grand nettoyage.

— Et on vous présente un autre nouveau.

— Salut, moi c'est Paul.

Paul vogue dans la quarantaine, il a le visage de Simplet, le nain de Blanche-Neige, qui aurait pris un coup de vieux et des cuites à répétition. Il lui emprunte également ses larges sourires sincères. Son visage est rongé par la couperose des dipsomanes. Afin de confirmer mon intuition, je m'enquiers de son addiction qui est, sans surprise, la boisson. C'est sa deuxième hospitalisation. Pour l'instant, je n'ai rencontré que des récidivistes de la *rehab*. Diane suit sa deuxième cure, comme Alexandre ; c'est la troisième pour Geneviève ou Jean-Marc. Quant à Patrick, il détient le record : la quatrième. Une habitude de mauvais augure pour les débutants de mon espèce. Un addict se cherche souvent des excuses, alors forcément, ces répétitions, en considérant qu'on a pu s'en sortir une fois et qu'on peut donc renouveler l'exploit, sonnent presque comme une permission de rechuter. Je constate qu'avec de telles pensées, ma motivation est douteuse. Même si je ne suis pas sûre que la motivation soit la clé de tout. C'est un deuil qu'on entreprend. Personne n'est motivé pour un deuil.

Aujourd'hui, Jean-Luc est inquiet. Taiseux, lui qui n'est déjà pas expansif en général. C'est quelqu'un de doux, d'un abord facile. Ce qui le tracasse, c'est Yasmine. Il s'en remet à Diane, restée en contact avec elle :

— Elle t'a parlé de moi ?

— Non. Mais elle m'a dit qu'on lui manquait. Donc tu lui manques au moins un peu !

— Tu crois qu'elle voudra de moi ?

— Bah écoute, je ne la connais pas assez. Mais elle est célibataire en ce moment.

À cet instant, Jean-Luc apporte un nouvel argument au débat. Il nous montre une photo que Yasmine lui a envoyée. Une photo de charme. Elle est à genoux, les hanches versées vers l'avant. La tenue est légère, le cheveu mouillé. C'est la façon qu'elle a d'exister au monde, Yasmine, enchaînée à la séduction. Le pauvre Jean-Luc se tord de doute.

— Je suis trop nul pour plaire à une nana comme ça.

C'est le manque qui a attiré Jean-Marc et Yasmine l'un vers l'autre. Pour le premier, il s'agit davantage d'une béance affective. Jean-Luc est un orphelin, qui plus est, malheureux avec les femmes. Pour la jeune fille, la faille est davantage narcissique. Elle veut désespérément plaire au plus grand nombre, lui veut être aimé d'une seule personne mais pour de bon. Patrick intervient enfin :

— Coluche a dit, je crois : si tu te sens déprimé, inférieur, souviens-toi qu'un jour tu as été le spermatozoïde le plus rapide de tous !

— En tout cas, c'est pas avec sa remplaçante que je vais me consoler.

Jean-Luc a décidément le cœur ouvert à tout vent. Il est vrai que Nadia n'a pas les attraits de la regrettée Yasmine. C'est une métisse de trente-cinq ans, plus robuste que charnue. Si l'ovale de son visage est massif, les yeux, le nez et la bouche sont finement dessinés. Ses traits sont presque gracieux mais ils se perdent dans un visage trop large. Au-dessus de ses lèvres, un soupçon de moustache. Chez elle, le féminin et le masculin se livrent bataille. Son amie-ennemie, c'est l'alcoolémie. Sa carnation a l'avantage de dissimuler cette dépendance, autrement si flagrante.

* * *

En regagnant mon gourbi dans l'après-midi, je croise Katy prostrée devant le poste de soins vide.

— Qu'est-ce qu'il t'arrive ma poule ?

— J'ai des douleurs atroces dans le dos.

Malgré sa position qui témoigne de sa douleur, sa voix est toujours aussi trempée que son caractère.

— Tu prends quoi d'habitude ?

— Du Skenan. Mais là, ils ne peuvent pas m'en donner car je suis addict.

— Qu'est-ce que c'est ?

— De la morphine. Ta codéine à côté, c'est de la gnognotte !

— Mais tu trouves ça comment ?

Je ne peux m'empêcher de vouloir savoir comment mes comparses pratiquent leur vice... Du coup, j'ai parfois l'impression de suivre un cours accéléré sur les narcotiques de notre époque. La prison est l'école du crime. La désintoxication, celle de la drogue.

— J'ai eu un accident de scooter qui a justifié la prise de Skenan. Mais je me suis habituée et au fur et à mesure, il m'en a fallu davantage pour combattre la douleur. Je modifiais les doses sur l'ordonnance, mais je me suis fait griller par la Sécu. Le médecin conseil m'a convoquée et il m'a tout coupé.

— C'est à ce moment-là que tu t'es décidée à venir en cure ?

— Non. Je suis allée me fournir à Barbès. Tu peux faire ton marché de dope là-bas.

— Qu'est-ce qui t'a convaincue de venir ici alors ?

— Mon frère est mort de ça.

— La morphine ?

— Non. Il se piquait à l'héro, et il a attrapé une septicémie. Il a laissé un gamin derrière lui.

— Je suis tellement désolée… Qui s'occupe de lui aujourd'hui ?

— Il a été placé. Bah ouais, à force de déconner, qu'est-ce que tu veux… Mais je veux pas mourir, moi. Je veux fonder une famille.

— Je croyais que tu prenais du Subutex.

— Aussi. Normalement c'est pour arrêter la morphine, mais moi, ça m'a pas calmée, alors je cumule.

Katy, la cumularde des opiacés… L'infirmière qui nous interrompt m'indique que le médecin m'attend dans ma chambre.

Je constate à nouveau que les entrevues avec le psychiatre référent sont toujours collégiales. Le docteur N., qui me suit, est constamment flanquée de deux autres blouses blanches, une interne et une infirmière. Ce qui me donne la double impression d'être une bête de foire et de passer un examen. Je les reçois sur mon lit, comme une grande malade, et le médecin se fournit en chaises. C'est toujours le médecin qui parle. L'interne et l'infirmière ont des allures de cerbères.

— Comment vous sentez-vous ?

— À part les symptômes de sevrage, étonnamment bien. Ça dure combien de temps ces charmants désagréments ?

— Normalement un mois. Vous dites que vous vous sentez bien ici ?

— Oui, je passe des très bons moments avec les autres patients.

— Les relations entre patients sont éphémères.

— Ce n'est pas vous qui en déciderez.

— Vous verrez, me répond-elle sans relever mon insolence.

— Il n'y a pas que les patients qui m'aident. Je suis loin de ma vie, j'en suis sortie. Ma vie, c'est un cadeau, un don du ciel, mais c'est étrange, l'avoir laissée de côté m'allège. Je me sens coupable de ça, parce que j'ai abandonné mes filles pour venir ici.

— Ce sont elles sur ces affiches ? Elles sont belles. C'est très beau ce que vous avez fait, vous êtes photographe ?

L'aveu du saccage de ma vie a glissé sur elle. Vous leur sortez des perles, aux psys, et ils ne rebondissent jamais. Ils passent directement à la question suivante. Je me demande parfois si ce n'est pas une lâche technique pour masquer leur incompétence.

— Non, je réalise des documentaires.

Qu'à cela ne tienne, je m'acharne sur la vraie question existentielle du bousillage récurrent de mon existence.

— J'ai le bonheur en self-service. Et au lieu de me servir, je l'étripe, le bonheur. Ici, ça me semble facile de ne pas consommer, mais quand je serai de retour dans mon milieu naturel, je ne sais pas comment je ferai sans mon armure chimique.

— Nous pouvons vous proposer un traitement de substitution. Le Subutex.

À question métaphysique, réponse médicale. Les psys sont pourtant censés être les médecins de l'âme.

— Oui, je connais. Si j'avais pensé qu'en fréquentant les pharmacies, je me mettrais dans la même situation que les héroïnomanes… Mais voyez-vous, n'atteignant pas le même niveau d'intoxication que les amateurs de seringues, je ne comprends pas qu'on me propose du Subutex. Je vois des gens qui viennent ici et qui sont accros au Subutex. Ça me dépasse.

— Le Subutex, comme la méthadone, c'est aussi un opiacé. Mais qui ne fait pas d'effet flash, cet effet qu'on cherche quand on prend son shoot d'héroïne.

Il me fait rêver ce Subutex. Une drogue sans plaisir… La science est pleine de surprises.

— Mais alors pourquoi les gens deviennent dépendants ?

— L'idée, c'est qu'on vous le donne une fois dans la journée, et que ça vous enlève complètement les envies de consommer d'autres choses, ce qu'on appelle le *craving*. C'est un médicament auquel vous n'êtes pas dépendant psychiquement. Vous n'allez pas chercher à prendre vingt Subutex dans la journée. Le problème, c'est que certaines personnes ne le prennent pas sous la langue comme ça doit se prendre, mais par d'autres moyens, qui dans ce cas-là s'apparentent à consommer de l'héroïne.

Tiens, je n'aurais pas pensé à ça. Je viens encore d'apprendre une autre façon insoupçonnée de planer.

— Vous voulez donc me mettre une bombe dans les mains. Je suis perplexe ! Forcément, remplacer une addiction par une autre, c'est plonger dans le grand absurde.

— Personne ne va aller prendre le Subutex en surdosage pour obtenir l'effet de l'héroïne – notons qu'elle m'a affirmé le contraire il y a quelques minutes –, ça ne donne pas du tout le même effet. Normalement, si vous êtes bien dosée, vous prenez votre traitement sur vingt-quatre heures, ça vous coupe l'envie d'aller chercher autre chose. En plus, si vous le prenez bien, vous auriez beau consommer autre chose à côté, ça ne vous ferait pas d'effet. Le petit bémol, c'est qu'il y a une dépendance physique donc quand on l'arrête, il y a un sevrage.

— Un petit bémol ? Vous avez une bien curieuse échelle.

Elle a dû être musicienne dans une autre vie, la doctoresse, à force de me parler de bémols.

— Bon, nous en rediscuterons. Notamment après votre permission, qui est toujours un moment décisif. Au revoir.

# 5

J'ai désormais droit aux visites. Ma mère débarque à l'Albatros comme à une soirée mondaine. Avec son élégance en étendard et son accent argentin que trente années en France ont à peine estompé, elle salue les patients qu'on croise avec une jovialité qui pourrait paraître déplacée. Mais la joie n'est jamais déplacée. Dans le cas présent, elle paraît simplement décalée. Gloria – parfois les prénoms sonnent si juste – est tellement singulière que je la considère comme l'unique habitante d'une autre planète. Pas une planète de notre système solaire. Non, une galaxie retirée, encore inconnue de nos astrophysiciens. Comme le Petit Prince de Saint-Exupéry, ma mère évolue sur son minuscule globe. Comme lui, quand elle a « terminé sa toilette du matin », elle fait « soigneusement la toilette de la planète ».

C'est louable de forcer la bonne humeur, de la convoquer sans accepter la moindre dérogation. C'est sa manière à elle de tenir bon, ce devrait être la nôtre à tous. Le problème, c'est que cette bonne humeur, elle la noie sous des flots de paroles, des avalanches de phrases, des rivières d'exclamations. Ça use. Même si Patrick est ravi de se voir complimenter sur ses beaux yeux bleus, tandis que Jean-Luc rit de la comparaison avec John Lennon, et que Diane la remercie pour l'éloge de sa beauté. À l'Albatros, ma mère est définitivement la plus loufoque.

On s'installe au salon, ce réfectoire cossu et crasseux. Et Gloria déploie les revues qu'elle m'a apportées pour me désennuyer. Et voilà une pile de *Hola*, le magazine people espagnol sur les pérégrinations des têtes couronnées et des célébrités, étalée sur les restes du repas précédent. Elle m'a aussi sélectionné quelques articles plus sérieux dont elle décide, souvent à juste titre, qu'ils m'intéressent. Elle me tend un feuillet du *Figaro* : « Les benzodiazépines font le lit d'Alzheimer. » Merci d'en rajouter. J'ai déjà bien conscience de me flinguer la santé à la kalachnikov. Comme tous les néophytes de l'addiction, elle s'imagine qu'une dose de rationalité pourrait m'aider à dompter ma pieuvre intérieure affamée de psychotropes. « Les arguments n'ont jamais convaincu personne », écrivait Emerson.

Il y a aussi « l'histoire de l'espion qui a fait basculer la guerre en Syrie ». Elle connaît tout sur tout car chaque matin depuis trente ans, elle écume les pages du *Figaro*. Rien ne lui échappe. Elle court les salles de cinéma et me raconte toujours le film qu'elle a vu malgré mon opposition réitérée. Car au cinéma, c'est aussi sa vie qu'elle vit, alors il lui paraît normal de me la raconter. Comme Godard à coup sûr, elle voudrait « ne parler que de cinéma » car « pourquoi parler d'autre chose ? Avec le cinéma on parle de tout ». C'est vrai. Même si pour parler de tout, ma mère emprunte des sentiers qui feraient cent fois le tour de la terre.

Revenons au principal. Le *Hola*, ses starlettes et princesses. Dans ce canard, on pourrait croire que les sujets de prédilection sont des plus légers. À tort.

— Regarde ! s'enthousiasme-t-elle en me montrant de son doigt manucuré un cliché.

Elle hisse le papier glacé jusque sous mon menton, comme si elle allait me révéler une information capitale. Mais elle désigne juste une actrice dans sa quarantaine, Gwyneth Paltrow, de celles dont la beauté est universelle.

— Ça y est ! Elle est fanée. Regarde de près et sans retouche. T'as vu les rides sur le front ? assène-t-elle sur le ton sentencieux d'un président d'assises en plein verdict, le tout en argentin.

Ça l'amuse, mais sans aucun sadisme. Puis elle part à la recherche d'un autre numéro dans lequel elle a déniché une photographie qu'elle promet sensationnelle. C'est maintenant le tour d'une aristocrate castillane, dont elle se plaît régulièrement, depuis que j'ai dix ans, à me faire admirer la beauté, et dont je ne connais l'existence qu'à travers l'obsession de ma mère. La dame a la soixantaine bien entamée désormais. L'index de Gloria tapote le visage fait et refait.

— Minuit a sonné pour elle ! Là, il est temps de s'éclipser ! se régale-t-elle.

C'est dans ce genre de moment qu'elle cesse de m'agacer pour me ravir. Cendrillon doit s'enfuir pour s'enfouir quand elle redevient souillon. Et nous, les femmes, devons faire de même quand sonne le glas de la beauté.

Dans *Le Figaro,* on parle du monde. Dans *Hola,* on parle de nous. De notre inexorable décrépitude. Du temps qui passe et reste sur un faciès qu'on ne reconnaît plus pour sien. Et puis si on en rit chez les autres, peut-être pourra-t-on sourire de nous. Mais j'en doute… C'est presque une consolation de voir que le temps nous dégustera tous à la même sauce, aigre.

J'ai profité de ma première visite pour organiser des ripailles générales. Mon sevrage me prive d'appétit et me garde à une certaine distance du dégoût unanime qu'inspire la nourriture de l'hôpital. Mais je voulais offrir un festin à mes collègues sans proches et sans sous en poche. J'ai donc passé une commande en épicerie fine auprès de ma persistante maternelle. Beurre de baratte, camembert fermier (le péché mignon de Patrick), comté de trente-six mois, et assez de fromages pour faire un chariot. De l'huile d'olive extra vierge pour couvrir les odeurs. Du pain frais, cagette de baguettes croustillantes. Du jambon à l'os. Et quelques salades sophistiquées. Le tout en proportions communautaires. Les papilles torturées renaissent. Mes camarades sont heureux et reconnaissants. Ce n'était pas grand-chose. Un plan qui se serait déroulé sans accroc si le camembert coulant n'appelait pas chez Patrick une envie vivace et nostalgique de vin rouge. Le malheureux a dû emprunter des vêtements pour se tenir chaud, car le chauffage est toujours en cours de réanimation. Avant d'aller dormir, je lui tends une couverture rapportée de chez moi :

— Merci beaucoup Flora, c'est vraiment très sympa.

— Tu pourras la garder, vu qu'il n'y a pas souvent du chauffage dans ton foyer.

— C'est vrai ? Merci beaucoup. C'est vraiment super gentil.

* * *

Cette nuit, je m'attends encore à la débandade du sommeil. Je repense à Patrick, à son dénuement. Il n'est pas du genre à se plaindre. Comme ceux qui sont arrivés tout en bas. Ils n'ont même plus peur de tomber, c'est déjà ça. Est-ce pour cela qu'il semble plus léger que moi ? Moi qui ai tant à perdre. Si je tombais du haut de ma vie, j'en mourrais. Je suis juchée au sommet d'un Everest matériel et affectif.

Quant à ma bonne étoile, elle est indéfectible. Elle me prête son concours jour et nuit depuis trente-cinq ans. Elle a quand même fait grève une nuit de septembre, il y a huit ans, c'est la raison pour laquelle je suis en cure de désintoxication aujourd'hui. J'ai « tout pour être heureuse », comme on dit benoîtement. Pourtant ce « tout » n'est qu'apparences. Disposer d'avoirs à volonté chez Cupidon, le banquier ou la statue de la Liberté serait la garantie du bonheur, ce désert de la déprime. Le bonheur ne se conjugue pas au verbe avoir. Car la grammaire, elle, est raisonnable.

## 6

C'est mon premier week-end dans les murs. Trop récente pour qu'on m'autorise une sortie, je vais passer les deux jours à errer dans une unité désertée. La semaine, l'Albatros reçoit des patients externes en consultation d'addictologie. Des allées et venues qui ont peuplé l'ennui et animé ces après-midi d'oisiveté imposée par l'annulation de tous les ateliers de la semaine passée. Aujourd'hui, les rideaux de l'accueil sont tirés. En outre, la majorité de mes camarades est en permission. Il paraît que les permissions, comme les histoires d'amour, finissent mal en général. Elles nous imposent de nous confronter à nouveau au monde, dépouillés de notre armure chimique. De marcher sans nos béquilles. Les patients en reviennent bousculés, semble-t-il.

Seules deux infirmières veillent sur nous le week-end. Pas de médecins. En cas d'urgence, un seul professionnel assure la veille pour tout le centre hospitalier. Il n'y a aucune activité à annuler le samedi et le dimanche, car il n'y a absolument rien de prévu pour assassiner le temps. Nous sommes totalement livrés à nous-mêmes. Comme si nous devions être moins malades le samedi que le mardi.

On féconde l'ennui en jouant au baby-foot ou au ping-pong, en fumant comme des remorqueurs et surtout en bavardant. Je noue connaissance avec le nouveau pyjama bleu, Nadia, la métisse. Elle a dessoûlé depuis son arrivée, mais ses yeux semblent constamment rivés sur un point fixe, même quand elle vous regarde. Elle n'est pas pour autant léthargique, ce qui donne l'étrange impression de parler avec le chat d'*Alice au pays des merveilles* qui aurait sniffé de la cocaïne. Comme d'habitude, on ne donne pas dans la demi-confidence à l'Albatros.

— Ça fait longtemps que tu bois Nadia ?

— Depuis cinq ans.

— Il y a eu un élément déclencheur ?

— Je me suis mise à boire en pensant à ma mère, à mon père et aux amis qui avaient profité de moi.

— Qu'est-ce qu'il s'est passé avec tes parents ?

— Je suis orpheline. Ma mère était originaire du Bénin. La famille de mon père, des Français, ils étaient racistes, ils ont tout fait pour la rabaisser. Elle s'est suicidée du vingtième étage, de l'appartement dans lequel j'habite maintenant. J'avais deux ans. Alors ça me donne forcément des idées noires.

— Je suis désolée. Tu sais pourquoi elle s'est suicidée ?

— Elle se droguait et se prostituait. Mon père, qui tenait un magasin de vêtements, a fait tout son possible pour l'aider. Mais il est mort la même année qu'elle d'un infarctus. Il est mort de fatigue.

— C'est dur. Qui t'a élevée alors ?

— Mon demi-frère est devenu mon tuteur. Mais il s'en foutait, il en voulait à mon argent.

La vie de Nadia est aussi triste que celle de Rémi « sans famille », le héros d'Hector Malot. Ses jeunes années ont été fauchées. L'enfance devrait être une lune de miel avec l'existence. Nadia, devenue hôtesse d'accueil et musicienne amatrice, a grandi sur des ruines et habite le cercueil de sa propre mère dans une tour du XV^e^ arrondissement. Elle n'a pas pu se forger une carapace contre les amertumes passées qui se lisent dans ses yeux noirs. Elle est prête à donner d'elle-même avec une candeur qui a dû lui jouer des tours. Elle a la générosité automatisée.

— C'est cool de trouver une fille sympa comme toi ici. Je te ferai écouter mes compositions, la musique, c'est ma passion. L'album, il sera prêt cette année. Y a un site, tu payes trente-quatre euros, tu mets ton album sur iTunes et internet, et les gens payent (elle se frotte le pouce avec le reste des doigts comme si elle palpait une liasse de billets de banque). Mais t'inquiète pas, quand il sera sorti, ça sera gratuit pour toi. Et toi, qu'est-ce qui a fait que tu t'es mise à consommer ?

Tout à coup, un grand raffut résonne dans les artères froides du centre dépeuplé.

— Jérôme est en train de péter un plomb !

Quarantaine débutante, Jérôme, blond aux yeux bleus, a fait l'armée en Afrique, il n'a peur de rien. Socialement, c'est un pur produit de la classe moyenne française.

— Je pars, je me casse, j'ai appelé un copain pour qu'il m'apporte ma moto, je vais me foutre en l'air ! hurle-t-il.

— Mais qu'est-ce qui se passe, Jérôme ?

— Je ne dors pas. Depuis que je suis arrivé ici, je ne dors pas. J'ai pas fermé l'œil depuis cinq jours. Je deviens fou !

Ses yeux injectés de sang et son teint blafard témoignent de ses insomnies à répétition. Il s'agite dans son blouson de motard.

— Les médecins ne t'ont rien donné ?

— J'ai vu un médecin lundi, le jour de mon arrivée, et c'est tout. J'ai parlé aux infirmières de mon problème, elles m'ont dit qu'elles en informeraient mon référent, mais je n'ai vu personne, personne depuis cinq jours ! Si je bois, c'est parce que j'arrive pas à dormir. Si c'est la seule solution, eh ben je vais boire. J'en peux plus !

Il prononce ces derniers mots dans un accès d'hystérie qui le fait monter dans les aigus. Il écume de colère. Il a déraillé. Il envoie son téléphone s'écraser contre un mur et propulse son poing dans une porte vitrée qui se fendille. Sa main se met à saigner.

C'est vrai qu'ici, les psys ressemblent à des arlésiennes. Patrick, qui a été admis pour une dépendance au jeu en sus de celle à l'alcool, n'a vu personne à ce sujet depuis son arrivée, il y a une dizaine de jours. Je décide de prendre la situation en main et je gagne le poste de soins pour sonner l'alarme. Si l'état de Jérôme ne les convainc pas d'appeler le médecin de garde, je vais frapper un grand coup.

— Vous êtes au courant que l'un d'entre nous va mal ? ! Jérôme est en train de devenir fou. Il faut qu'il voie un médecin !

Les infirmières sont manifestement rompues aux complaintes des patients. Il ne me semble pourtant pas qu'on crie au loup pour un oui ou pour un non dans nos parages. Je vais donc crier au féroce rhinocéros pour qu'on m'entende. Cet hôpital me fait penser à un mollusque géant et moribond, auquel il faudrait envoyer des décharges électriques massives pour obtenir une réaction. Alors je dégaine :

— Vous feriez mieux d'appeler le médecin de garde fissa si vous ne voulez pas vous retrouver avec un mort sur les bras.

— Qu'est-ce que vous voulez dire ?

— Il a dit qu'il allait se suicider !

Aux grands mots, les grands remèdes… Dans l'heure suivante, Jérôme pourra enfin se reposer grâce aux petites pilules bleues qui sont données à tous les soucieux ou insomniaques du centre. C'est-à-dire tout le monde, sauf Diane. N'allez pas croire qu'une cure vous débarrasse de toute vénéneuse nourriture. Non. On remplace. On dope autrement. Plus « sainement ». On commute les excitants (pour les accablés) en antidépresseurs, et on échange les sédatifs addictifs (pour les angoissés) avec des calmants « non addictogènes ». Pour ces derniers, la panacée de la recherche actuelle, ce sont ces petits cachets indigo ou ces petites pastilles blanches qu'on me donne quand je suis tourmentée. J'ai nommé le Tercian et l'Atarax. Ils portent des noms de dinosaures terrifiants ; quand on connaît l'importance de l'effet placebo, il ne serait pas malvenu que les laboratoires pharmaceutiques donnent des dénominations plus séduisantes à leurs molécules. En outre, pour nous détendre sur un lit de délicieuse désinvolture, ils n'arrivent pas à la cheville des bons vieux « benzo » (Stilnox, Lexomil, Valium…). Avec ces derniers, le prélude au sommeil est une plage veloutée où je me couche avec le soleil, dépouillée, libérée des douleurs prométhéennes qui me rongent les entrailles, une vague de sérénité contemplative qui annonce l'arrivée prochaine du marchand de sable. Avec le Tercian ou l'Atarax, au contraire, pas de sas de décompression ni de paillettes magiques. Le marchand de sable me prend par surprise. Et il devient flemmard. À se demander s'il ne s'est pas lui-même endormi en route.

Arrachée au cadre dans lequel je m'enivrais, je ne ressens plus le besoin de me nourrir de pilules à heures régulières. Mais mon cerveau est déboussolé et cherche les moyens de se défendre. Alors, il profite que je sois enfin dans les bras de Morphée pour s'accorder un petit plaisir. Ici, on appelle ça un « rêve de conso ». Malin, mon cerveau décide de combler le manque et de confectionner un trip sur mesure. Je consomme donc, en rêve ! Je libère les cachets de leur carcan en carton et aluminium, je les collecte dans le creux de mon poing et les envoie dans mon gosier. Si on considère la réalité comme l'ensemble des informations envoyées par nos sens, ce rêve était réel. J'ai vu, j'ai touché, j'ai avalé. Le rêve est la satisfaction des désirs parfois inconscients. Cette nuit, j'ai bien éprouvé l'axiome de Freud. Un voyage onirique si authentique que je culpabilise d'avoir craqué en me réveillant. Mais j'ouvre les yeux trop tôt pour ressentir l'impact chimique tant affectionné.

* * *

Le lendemain matin, Jérôme a changé de visage. Il a perdu son masque de veines saillantes. Cette nuit sous somnifères lui a été aussi bénéfique qu'un lifting draconien.

— Tu nous as fait une bonne frayeur, Jérôme. Mais tu as meilleure mine. Ça fait plaisir à voir !

Le traitement qu'il a reçu l'a laissé placide, même s'il n'a pas endormi sa vigueur coutumière. Sans être agressif, Jérôme s'exprime toujours comme si c'était le début de ce qui pourrait devenir une baston.

— J'ai même pas pu me raser. Ils ont confisqué mon rasoir le jour de l'admission. C'est débile ! Tu te suicides pas avec un rasoir.

Nadia, forte de son expérience personnelle, acquiesce :

— Moi, j'ai voulu me suicider avec un rasoir et j'ai même pas réussi à retirer les lames.

Ayant moi aussi tenté l'expérience entre le viol et la maternité, je suis en mesure de confirmer. Ce n'est pas à la vie que je voulais mettre un terme. C'était à la douleur. Jérôme m'arrache à mes souvenirs.

— En plus, je connais dix mille autres moyens de fabriquer des objets tranchants, dit-il. Rien qu'avec une clope !

— Ah bon, et comment tu t'y prends ?

— Tu extrais le filtre, tu le chauffes, et tu l'écrases très fort.

Je ne crois que ce que je vois, c'est d'ailleurs pourquoi je suis devenue journaliste. J'exige une preuve.

— Tu peux me montrer ça ?

— Pas de problème.

Il n'est pas du genre à refuser un défi, Jérôme, aussi minime soit-il. Et en effet, le petit rouleau blanc du filtre de cigarette, une fois chauffé et écrasé sous la godasse de Jérôme, devient un objet extrêmement fin, de forme ovoïde, qui avec une certaine conviction et une agressivité débridée pourrait tenir lieu d'arme. Pour les taulards, ça doit être un tour élémentaire. Quant à moi, je m'encanaille candidement.

— T'as appris ça où ? En zonzon ?

— Non, à l'armée.

— Ravie que tu ailles mieux en tout cas.

# 7

Mes camarades et moi passons du temps à dresser la liste des absurdités du fonctionnement du centre. Entre incurie et inconséquence, je vais encore en faire l'expérience à mes dépens. Je souffre de douleurs musculaires qui me donnent la sensation d'avoir une colonne vertébrale momifiée, couronnée par la calotte pesante de mon crâne. N'y tenant plus, je me rends chez les infirmières. Je suis reçue par celle dont la tête semble farcie par les magazines féminins.

— Excusez-moi, mais ma tête et mon dos me font passer un sale quart d'heure. J'ai entendu dire qu'on pouvait avoir des bouillottes pour soulager les douleurs. Pourriez-vous m'en préparer une s'il vous plaît ?

— Le docteur vous l'a prescrite ?

— Pardon ?

Pas le pardon qui s'excuse, le pardon qui signifie « osez répéter pour voir ? ».

— Je ne peux pas vous donner de bouillotte si ça n'a pas été prescrit par le médecin.

— Si, vous pouvez, mais vous décidez de respecter un règlement inepte. À moins que vous ne le trouviez pas inepte ?

— Écoutez, c'est comme ça. Je respecte le règlement.

— Mais vous n'êtes pas une machine à respecter les règlements. Vous êtes un être humain doté de bon sens, quoique je commence à en douter. On ne suit pas les règles aveuglément. Je vous fais un cours d'histoire, ou vous savez où mène l'obéissance aveugle aux normes ?

— Vous pouvez sortir.

Je claque la porte et ce coup de sang me vaut de repartir avec une douleur plus intense encore.

Je m'étends sur mon lit mais il m'est impossible de me détendre. Depuis quelques jours, mes jambes bougent sans que mon cerveau le leur ordonne. Elles désobéissent même à ces neurones qui leur enjoignent de s'immobiliser. Ce sont ce qu'on appelle les impatiences. Les nerfs saturés de chimie ont pris le pouvoir. C'est à devenir fou, de voir son corps si malade. Je prends la mesure de mon intoxication. Elle est proportionnelle au manque physique dont les symptômes m'accablent. Si j'endure un sevrage si violent, quelle doit être la mesure de l'empoisonnement auquel je me suis soumise depuis des années… C'est vertigineux. Je m'effraye, *a posteriori*, de moi-même.

Les doses de molécules que je me suis allouées, quand elles me faisaient planer vingt minutes, auraient plongé dans le coma n'importe quel colosse dans la force de l'âge. Les litres de liqueur ingurgités par mes camarades entichés d'alcool auraient, eux, fait tourner de l'œil un molosse du haut de sa vigueur. En somme, moi comme les autres, nous sommes tous des héritiers du roi Mithridate. Comme ce monarque perse du Ier siècle avant Jésus-Christ, nous avons consciencieusement avalé des doses croissantes de poison quotidien, au point d'y devenir résistants. En partant de doses infinitésimales, puis tous les jours un peu plus de poison. C'est ce qu'on appelle la mithridatisation. Lorsque, vaincu, le roi voulut se suicider, il partagea sa dose de poison avec ses deux filles. La vie quitta chacune d'elles, mais lui, coriace, opposa une malheureuse fin de non-recevoir à la grande Faucheuse. Insubmersibles addicts.

Avant l'admission, les médecins vous font remplir un document avec deux colonnes : avantages et inconvénients de votre consommation. Ils appellent ça la balance décisionnelle. Si ça penche du côté Inconvénients, il y a peut-être un peu d'espoir pour vous. Dans mon cas, la colonne « Avantages » l'a emporté pendant longtemps. Forcément, j'arrivais à assurer une vie de famille, une activité professionnelle et intellectuelle, et des relations sociales allant de la plus pure amitié aux plus futiles mondanités, le tout en étant perpétuellement défoncée. Certes, il y a les problèmes d'approvisionnement. Les pharmacies sont plus compliquées à trouver la nuit tombée et les jours chômés. À certaines heures, elles sont même moins faciles à dégoter que les dealers-livreurs. Mais un grand sens de l'organisation n'est pas nécessaire pour éviter de tomber en rade. Il suffit d'être persuasif ou de falsifier une ordonnance. Les dealers en blouse blanche vous accueillent tout sourire à tous les coins de rue, vous couvrant d'égards. Quant aux inconvénients de l'addiction, ils ont mis un certain temps à poindre. Je ne constatais pas de désagréments physiques dus à mes pratiques abusives. Certes, je mets moins de chances de mon côté avec un comportement aussi malsain, mais le problème, c'est que ces chances sont les plus grandes inconnues de ma vie. Pourquoi miser sur ma santé physique, alors que la mort peut me faucher à n'importe quel coin de rue ? Je n'ai plus envie de mourir, mais pas toujours l'envie de vivre, alors allonger mon espérance de vie est le cadet de mes soucis. Voilà justement la différence entre Mithridate le Grand et nous, les petits addicts. Il voulait préserver sa vie, là où nous consumons la nôtre.

* * *

Ayant essuyé un premier échec auprès des infirmières pour me soulager, puis un second dans mon antre pour me délasser, je m'en vais voir avec qui je pourrais faire un brin de causette. Ce n'est ni dans le traitement ni avec le corps soignant que je trouverai du réconfort, mais toujours auprès des collègues, terme qui révèle l'affection qui s'est tissée entre certains d'entre nous. C'est Diane qui tient la place de tête pour moi. Rien de très étonnant à cela. Nous sommes presque du même monde, nous fréquentons les mêmes lieux, et même certaines connaissances éloignées. Ce qui a d'ailleurs déclenché la panique de la belle rousse, craignant que je propage la nouvelle de son hospitalisation pour consommation effrénée de cocaïne, que ses proches ignorent. Contrairement à moi, qui n'ai fait aucun mystère de mes démons, elle se prive d'encouragements, de félicitations et de témoignages de soutien. C'est-à-dire tout ce que j'ai reçu de mes proches lorsque je leur ai annoncé mon hospitalisation. Mais ce week-end, elle a hélas réintégré son château.

Je tombe sur Patrick n'allant nulle part de sa démarche désinvolte et un peu gauche.

— Ça va Flo ? Qu'est-ce que tu fais ?

Un collègue est toujours prêt à écouter les doléances d'un autre. Il tend attentivement l'oreille avec sa moue habituelle : le sourire qui se dessine d'un seul côté du visage et les sourcils qui se lèvent en même temps, à intervalles réguliers. Je m'interroge : comment fait-il pour garder cette fraîcheur presque enfantine alors que la vie lui est passée dessus comme un train ? Je lui demande pourquoi il n'est pas en permission.

— Ah, j'ai demandé une dérogation. Enfin, une exception. Si je retourne dans mon foyer à Nanterre, je bois. C'est sûr.

— Mais ils ne vont pas te garder éternellement ici, il faudra bien y remettre les pieds.

— Je sais, me fait-il, tout dépité. Mais j'attends mon rendez-vous avec l'assistante sociale pour essayer de trouver une solution. En tant qu'alcoolique, je peux avoir droit à un appartement thérapeutique.

Appartement thérapeutique. Je ne pensais pas que ces deux mots pouvaient être accolés.

— Et avant le foyer, tu étais où ?

— En famille d'accueil.

J'apprends donc qu'il existe des familles d'accueil pour adultes. On peut décidément adopter à tout âge, et piocher dans toutes les espèces. L'embarras du choix. Mais j'imagine que pour en arriver au schizophrène ou à l'alcoolique, il faut déjà avoir tiré un trait sur le chien de la SPA ou l'enfant du tiers-monde.

— Des familles d'accueil, j'en ai fait deux. La famille, tu la vois une fois et après, t'arrives chez eux. La galère. Le premier, il a arrêté, il avait des problèmes avec sa femme. J'étais avec un malade psychiatrique, mais vraiment atteint. Normalement tu ne peux recevoir qu'une seule personne pour l'alcool, mais lui, il recevait aussi pour les problèmes psy, comme ça il touchait deux mille euros par mois.

C'était un Marocain plutôt sympa. En principe, j'aurais dû manger tout le temps avec eux, faire des sorties le week-end, mais y avait rien. C'était au Bourget. On était à deux dans la chambre. L'autre, il était gentil, mais il était à l'ouest, grave sous médicaments. Le matin ça allait, mais après le traitement du midi – il s'esclaffe –, c'était fini. Il avait du lourd, du Subutex, je sais plus à quelle dose.

L'État permet donc aux adultes, malades psychiques, d'être traités comme des enfants. Patrick connaît tous les méandres de ce système parallèle, lui qui a vieilli sans grandir. Quand les pouvoirs publics ne s'occupent pas de lui, le pauvre bougre finit à la rue.

— J'ai fait une autre famille, c'était un château dans l'Oise. Eux, ils étaient archi radins, tu pouvais pas te servir dans le frigo. Comme ils avaient un jardin, on mangeait des courgettes à tous les repas. Pas de viande. Autrement, je pouvais faire du jardinage. C'était l'été, j'allais à la pêche alors ça allait. Ils m'achetaient de la peinture ; ça me relaxe tellement, la peinture !

— Mais ces familles d'accueil, elles font ça par vocation, par charité ?

— Le problème c'est qu'il y en a qui font ça que pour l'argent, ils s'occupent pas des gens. Après un an, je me suis retrouvé à la rue. L'été, c'est mieux que le foyer, la rue, mais l'hiver, c'est pas possible. J'ai cru que j'allais mourir de froid une fois.

— Tu n'as pas de famille ?

— Si, j'ai un frère, mais pas de nouvelles. J'ai de la famille mais personne me parle. À cause de l'alcool.

— Tu devrais leur dire que t'es sobre.

— Ça m'intéresse pas. Comme j'ai déjà fait quatre cures, ils me croiront pas.

En évoquant sa famille, Patrick a oublié de me mentionner une fille, dont il me révélera l'existence plus tard. Une conquête furtive a conservé le fruit de leurs ébats à son insu, tout affolée qu'elle était par le tic-tac de l'horloge biologique. Cet enfant est un inconnu pour lui. Patrick n'est pas du genre à prendre les choses en main. Il est plutôt ballotté par le destin. Spectateur des caprices de sa fortune. C'est pas lui qui décide, ce sont les événements. Et puis il s'adapte. Enfin il essaye, et il est du genre arrangeant. La possibilité d'agir sur sa propre vie ne l'effleure même pas. Je me demande quel genre de mince espoir il nourrit pour son avenir. En réalité, je ne crois pas qu'il en ait. Il n'est pas idiot à ce point.

Le dimanche soir à 19 heures, tous les collègues regagnent nos quartiers. Alexandre et Jean-Luc sont effondrés. Ils sont tous les deux en instance de séparation. Pour chacun, le contact avec la réalité sans ses habituels modificateurs de conscience a été douloureux et éprouvant. On s'est mis à nu pour intégrer l'Albatros. Alors quand on en sort, on est bien embêté de ne plus pouvoir enfiler sa carapace. Ce qui me fait craindre le pire pour ma future permission.

Au retour de son week-end dans sa demeure patricienne en Dordogne, Diane aussi a pensé aux papilles des camarades. Elle revient avec des pâtes bolognaise maison, préparées par sa cuisinière, une burrata de premier choix, des tomates bio, du basilic frais et un gâteau au chocolat. Diane est toujours d'humeur égale. Ni bonne ni mauvaise. Vive. Elle échappe donc à la dépression post-permission qui mine les autres. Tout comme Katy, qui a passé le samedi soir en famille. Sa mère, en bonne juive séfarade, a préparé un grand couscous. Pendant les sorties, nous ne sommes autorisés à toucher à aucune drogue. Katy a quand même bravé l'interdiction de boire :

— Oh ça va, ils vont quand même pas me faire chier pour deux verres !

Si. Justement. Ça promet encore une scène épique avec le personnel soignant.

Je me faisais une joie de retrouver les collègues, mais hormis Katy et Diane, leur détresse a plombé l'ambiance communautaire et l'énergie qui s'en dégage habituellement. Notre complicité est elle aussi partie en permission. Elle finira par revenir. Comme nous finirons par trouver, derrière les ombres qui nous assiègent, la lumière nécessaire à leur projection. Par recueillir les émoluments de la souffrance. Ceux qu'on obtient, paradoxalement, en traversant une mer de douleurs. L'épreuve de cette croisière est loin d'être inutile. Et le salaire de la dépression arrondit confortablement les fins de maux. Car le monde d'un dépressif est en ruine. Des illusions qui lui tenaient lieu de murailles, il ne reste que des écailles. Alors l'âme éplorée doit reconstruire un monde qu'elle est prête à accepter, plus proche de son vrai moi. Pour Kierkegaard, « la vérité doit subir la souffrance, être outragée, insultée ». Une sagesse qui n'est pas exclusivement danoise, car on connaît le dicton anglais : *no pain, no gain.*

Je m'en vais me tordre de douleur dans mon lit, en attendant que le sommeil daigne m'abattre. M'abattre ?... Ma plume est mortifère. Mon âme, ordalique. Cette nuit de septembre 2005, pendant plus de vingt minutes, sous terre, aux prises avec une brute susurrant des mots doux et éructant des menaces de mort, c'est la peur d'être achevée qui m'a marquée au fer rouge. J'étais enterrée vivante. Rescapée, la panique a perduré, la terreur s'est insinuée sous ma peau. Mon sang charrie l'épouvante. Dormir, mourir, peu importe. J'ai payé de mon corps pour rester en vie et depuis, je flirte avec la mort. Scarifications et consommations à outrance. Ambulances fendant la nuit, hospitalisations sous contrainte. Cette nuit, qui n'aura plus jamais la même teinte... Le soleil ne peut plus se coucher sans réveiller les affres de mon histoire.

# 8

Lundi matin, c'est l'heure du premier traitement, au saut du lit. Quarante-huit heures sont passées depuis l'admission de Nadia, elle peut tomber le pyjama bleu. Question stylisme, elle a opté pour un tee-shirt noir arborant la marque Jack Daniels.

— Mais Nadia, tu vas te faire engueuler avec un accoutrement pareil !

— Tu crois ?

— Évidemment, c'est comme si je me ramenais avec une panoplie rastafari avec des feuilles de cannabis géantes partout. Ici, c'est considéré comme faire l'apologie du produit.

Porté par Katy, un tel vêtement aurait relevé de la provocation, mais Nadia, elle, est juste radicalement ingénue et absolument inoffensive. Elle nous confirme, après son passage au fief des infirmières, que celles-ci lui ont intimé de se changer.

Aujourd'hui, nouvelle fournée de pyjamas bleus. Dominique a un prénom mixte et un look de garçon. Sa coupe de cheveux rappelle celle d'un moinillon novice attendant la tonsure. Le visage est rond, presque poupin, mangé par des lunettes trop grandes. Le sourire, facile et sincère mais contenu, dévoile une fragilité que confirme sa silhouette. Elle se plante au milieu du groupe. La mine abasourdie. Les apparences désignent une lesbienne alcoolique, et les confidences entérinent les apparences. Elle est fonctionnaire dans une mairie rouge de la proche banlieue parisienne.

Le second entrant aujourd'hui est un homme dans la même tranche d'âge. La quarantaine bien entamée par l'alcool. Didier est un gardien d'immeuble, las, lunettes teintées et calvitie saillante. Il pourrait tenir le rôle d'un mafieux dans un film, s'il n'était pas aussi ratatiné par la vie. On dirait qu'il ne se donne pas le droit d'exister, lui non plus. Chez les addicts de l'Albatros, se dessinent deux types de personnalités opposées. D'un côté, les présences fortes : Diane, Katy, Alexandre ou Jérôme, qui s'accrochent à leur identité comme à une bouée. De l'autre, Geneviève, Bastien, Didier ou Dominique, qui se protègent en se mettant en retrait.

L'alcool est l'addiction la plus représentée dans le centre, et en général. C'est aussi celle qui marque le plus. Le teint rougeaud, ça n'abuse personne. Bacchus brûle les visages de ses disciples. Ce n'est pas le sevrage d'alcool qui émeut Dominique. C'est celui du téléphone. Des réseaux sociaux plus exactement. Avec Didier, la discussion ne s'engagera jamais. Contrairement à Dominique :

— Ça fait longtemps que tu bois ?

— Je ne sais pas si j'ai connu un jour sans boire depuis l'âge de vingt-trois ans. C'est monté progressivement jusqu'à plus d'une bouteille de whisky par jour. En commençant dès 6 heures du matin. L'enfer…

— C'est ta première cure ?

— J'en ai fait une avant, mais en ambulatoire. J'avais réussi à arrêter quatre mois. Puis j'ai rechuté. J'en peux plus de ne pas pouvoir tenir un bol de café sans avoir bu, de ne rien pouvoir faire à cause des tremblements, des douleurs perpétuelles dans les muscles avant d'avoir atteint la dose. Et puis les stratégies pour toujours avoir de l'alcool sous la main, les amnésies de plus en plus fréquentes…

— Ta copine doit voir que tu es motivée, ça va compter pour votre couple.

— Elle veut pas entendre quand je lui dis qu'il n'y a pas des personnes qui sont faibles ou fortes, que c'est pas un problème de volonté, c'est un problème médical.

— Sans volonté, je doute d'arriver à lâcher mes lubies.

— Le médecin m'a expliqué que quand même,

les personnes addicts ont un fonctionnement du cerveau qui montre que le système de récompense est sensible. Un verre pris par une personne qui a cette vulnérabilité, l'alcool a un effet sur elle qu'il n'a pas sur monsieur lambda. L'alcoolisme, c'est une maladie. Le médecin m'a dit que pour être alcoolodépendant, il faut non seulement cette vulnérabilité, mais aussi une occasion et un parcours personnel, les accidents de la vie quoi.

La maladie alcoolique n'est pas un vice, c'est la rencontre entre un produit et une personne vulnérable le problème. Un mauvais alignement des planètes en somme.

Cette semaine, il paraît que l'atelier relaxation de la fin d'après-midi est maintenu. En attendant, je me repose dans ma chambre en écoutant la radio.

« Nous recevons dans notre service des personnes en grande difficulté. » Tiens, on parle de nous sur les ondes. Le professeur B. est invité sur France Culture cette après-midi. Ce psychiatre addictologue est un des créateurs du Centre d'enseignement, de recherche et de traitements des addictions, dans lequel nous sommes internés.

« Nous avons construit depuis dix, douze ans une structure qui a pour vocation de prendre en charge les personnes avec des problématiques addictives [...]. C'est un grand centre avec dix-huit lits, un hôpital de jour. Nous y avons créé une jeune école qui essaye d'essaimer. »

J'ai déjà croisé ce médecin universitaire dans les couloirs de l'hôpital. Toujours affairé et assuré. Séduisant, si on aime le type méditerranéen. Des cheveux longs, frisés, gominés en arrière signent le mâle, tandis que les lunettes et la blouse blanche marquent le médecin. On sent que c'est un supérieur hiérarchique. Question de posture, de démarche. C'est curieux comme une position dans un organigramme et un poste à valeur ajoutée intellectuelle influent sur le langage corporel. Le professeur B. est ce qu'on appelle un bon client pour les médias.

« On estime à cinquante mille par an les décès dus à l'alcool, c'est énorme. »

Alors que l'alcool est la drogue la plus mortelle, sa place dans notre environnement social et la perception que nous en avons sont une totale aberration. Il reste le produit de la convivialité, on vous invite, on vous incite même, voire on vous jette l'opprobre si vous ne buvez pas. Pas facile d'être un alcoolique de nos jours. Stigmatisé dans l'abstention, anathématisé dans son addiction. Qu'il boive ou pas, il est déchu de la société. On en arrive au triste paradoxe que la boisson est le chaperon de la convivialité pour les uns, alors que pour les autres il devient un facteur excluant. On sirotait pour renforcer le lien social. Puis on se retrouve à s'enivrer seul, loin des regards accusateurs, rejeté par les proches impuissants face à cette maladie. L'alcool festif est devenu tyran, qui confine le buveur dans une solitude tragique.

Sur les ondes, l'addictologue déplore le manque de mobilisation contre l'alcoolisme, d'autant plus révoltant lorsqu'on constate l'envergure du problème de santé publique.

« Sur le plan de l'alcool, on reste en deçà de l'importance de la mobilisation nécessaire. Il y a par exemple une mesure qui devrait être prise, et qui n'a pas été prise, c'est l'interdiction de la vente d'alcool en ligne. On est aussi pilotés par des lobbys, c'est triste de ne pas prendre la mesure du problème. »

Évidemment. Les alcooliques, c'est toute une industrie, sans compter les consommateurs occasionnels. Le législateur est timide, il veut être réélu ; or l'écrasante majorité de ses électeurs consomment de l'alcool. D'un côté, un fléau. De l'autre, des intérêts économiques, électoraux, et une tradition.

« L'alcool est un produit qui, quand il est ingéré, vient contrarier la nature. L'alcool, parmi les produits addictifs, est le plus toxique, au sens matériel du terme. »

L'alcool plus toxique que les médicaments, la cocaïne ou l'héroïne ? Voilà qui va à contre-courant de toutes les idées reçues concernant les drogues. Cela me rassurerait presque sur mon cas ; j'en profite pour dédiaboliser mon appétence pour les médicaments et le cannabis. Une déculpabilisation illusoire, mais immanquable chez un accroc.

« L'alcool détruit les neurones, détruit la matière, car c'est un produit qui n'existe pas à l'état naturel dans l'organisme. On a du cannabis à l'état naturel, de l'héroïne...

— Des endorphines, ajoute le journaliste de France Culture.

— On a de tout ! »

Quel dommage que notre empire sur notre cerveau ne soit pas assez puissant pour délivrer ces sécrétions enivrantes à discrétion. Je me plais à imaginer que nos méninges puissent accoucher de THC ou de cocaïne sur commande. Fini, les problèmes d'approvisionnement. Fini, les dealers dans les caves des quartiers. Fini, les cartels de la drogue !

Avant le dîner, je me rends à ce fameux cours de relaxation qui s'est dérobé à nous la semaine dernière.

— Bonjour mes petits chéris !

De l'entrain, de l'affection, et un sourire lumineux ! Le personnel soignant ne nous a pas habitués à ça.

— Je suis désolée de vous avoir fait faux bond la semaine dernière, j'étais malade. Mais normalement, j'aurais dû être remplacée. Bref, je vous invite à vous allonger, on va se détendre tous ensemble.

Nous prenons place sur les tapis de sol. Diane part perdante.

— Je veux bien tenter l'atelier mais je n'ai jamais réussi à me détendre, alors ça m'étonnerait que ça marche cette fois-ci.

— Allez ma petite chérie, faut mettre toutes les

chances de votre côté. Ça va vous faire du bien, vous verrez.

Et alors, cette voix qui était perchée, enjouée, énergisante devient tout d'un coup profonde, monocorde, thérapeutique. On dirait que c'est un enregistrement qui vient de se lancer, mais c'est juste notre maternelle animatrice qui a opéré une métamorphose.

— Vous vous abandonnez sur le tapis et vous respirez profondément…

Le changement est si brusque qu'il emporte le rire de Diane.

— Je suis désolée, je ne m'attendais pas à ça !

Le discours relaxant n'est pas affecté par cette interruption. Alors qu'il nous invite à nous délasser en ressentant chaque partie de notre corps, Diane continue à pouffer nerveusement. Pendant toute l'heure, elle ne tiendra pas en place, se tournant sur chacun de ses flancs, comme si elle cherchait le sommeil après un snif de cocaïne.

Patrick, lui, s'est laissé bercer. Ses ronflements nous indiquent qu'il s'est assoupi. Diane n'en finit plus de glousser…

* * *

Malgré l'âpreté de cette expérience hospitalière de désintoxication, mon humeur est étonnamment au beau fixe. Je me figure que c'est ce bain d'altruisme qui me rénove. Dans nos petites vies, nous sommes généralement confrontés à un seul milieu social. On sait à quel point il est difficile d'échapper à ses origines et de créer de véritables liens avec des personnalités d'autres univers. On connaît bien cette difficulté pour ceux qui cherchent à prendre l'ascenseur social. Le défi de Rastignac. En ce qui me concerne, l'inconnu social se situe plutôt vers le bas. Mon activité de journaliste m'a certes permis d'échanger avec toute une frange de la France, vers laquelle il n'existe aucun pont de communication préétabli. J'ai mis le pied sur des routes que je n'aurais jamais suivies. Ce n'était pas pour parler de la pluie et du beau temps, mais plutôt de tragédie et de sang. Une femme qui cherche sa sœur disparue depuis trente ans, un innocent happé par le scandale d'Outreau, des désespérés cherchant la vérité sur l'assassinat d'un proche, des rescapés d'une secte, une Américaine kidnappée pendant vingt ans, des hommes ou des femmes injustement accusés d'assassinat, ou d'autres, poursuivis à raison mais soutenant devant la caméra qu'ils n'avaient rien à voir avec tout ça. Ces rencontres ont affiné ma connaissance de la nature humaine. Mais au bout du compte, elles restaient en surface.

Ici, on ne se contente pas de discuter, on vit ensemble. On partage tout. On coexiste. Et cette énergie m'éloigne de moi-même, me soulage de moi-même. L'égocentrisme est générateur de mal-être. Plus on est égocentré, plus on est déprimé.

* * *

Damien s'est assis seul à une table, à l'écart du groupe. Un peu voûté, il porte toujours un sac à dos, comme une carapace. Il y trimballe notamment un pot de café lyophilisé car il est aussi addict à la caféine. Il se sert toujours furtivement, comme s'il redoutait qu'on lui demande de partager. Les nouveaux arrivants doivent s'imaginer qu'on maltraite le jeune homme. Son repli est si défensif qu'on dirait un bolos harcelé par ses camarades au lycée . La paranoïa qu'il exsude n'est pas très engageante. Difficile de lancer une conversation quand on vous regarde comme un ennemi. Alors ça l'isole et cela nourrit sa névrose. Je voudrais pouvoir le rassurer, mais le reste de la compagnie le trouve très étrange. À juste titre.

Je m'en vais franchir ce mur d'hostilité en lui empruntant une cigarette, d'une marque que je ne connais pas mais qu'il a élue par souci d'économie. Je sais qu'il compte, je lui en rendrai une.

— J'ai commencé le livre que tu m'as prêté, *Les Portes de la perception*.

— Et alors, tu aimes ?

— Oui, c'est intéressant, l'expérience de la mescaline pour Huxley. Il raconte qu'il voit dans les plis de son pantalon les draperies de Botticelli ! Ou qu'il contemple une fleur comme Adam l'a regardée le matin de la Création. Il dit qu'il faudrait toujours voir les choses de cette façon : suffisantes en elles-mêmes. Il contemple l'éternité dans une fleur, c'est beau. Ça le libère du Moi. Un programme qui m'attire, je dois dire. C'est un concentré de sagesse et de liberté qu'il décrit.

— Il était passionné par les effets de la drogue. Il a pris de la mescaline et du LSD plusieurs fois. Dans son dernier roman, *Island*, il imagine une société utopique dont les membres prendraient de la drogue pour s'éveiller à la vérité.

— J'ai appris que le peyotl était pour les Indiens du Mexique un ami des temps immémoriaux. Il y a beaucoup de sociétés dans lesquelles la consommation de drogue n'est pas récréative. Pour les Indiens de l'Amazonie, c'est l'ayahuasca, tu connais ?

— Oui, c'est encore une plante hallucinogène, un médicament de l'âme pour eux.

— Huxley explique que les humains ne pourront jamais se passer de paradis artificiels. Ses propos ont choqué parfois jusque dans les milieux artistiques, j'ai vu.

— Quand il était en train de mourir, il a écrit sur un bout de papier « LSD 100 mm en intramusculaire ». C'est sa femme qui lui a fait l'injection avec la permission du médecin, et il est mort pendant le trip.

— Quelle belle mort !

C'est un puits de culture, ce Damien. Le fond du puits.

# 9

François est à ce jour la principale victime de mes addictions. En sa présence, j'arrive à dompter mes pulsions toxiques, non seulement pour le préserver, mais aussi car j'ai moins besoin de mon bouclier avec lui. En termes chimiques, François à mes côtés, cela équivaut à une barrette de Lexomil. Mais la tyrannique dépendance tend à dissoudre la réalité. Alors parfois, malgré le manteau de sérénité dont il m'enveloppe, je me fais mal et j'avale. Et quand il aperçoit mon regard derrière un voile et constate mon débit ralenti, il sait. Il veut bien écouter mes oracles, mais pas si je les énonce shootée comme la Pythie de Delphes. Alors il perd son sang-froid. Sa colère est à la mesure de sa blessure. Là où les autres ne voient qu'un petit coup de fatigue, lui n'est pas dupe. Il n'accepte pas que le produit soit plus fort que moi. Sur le piédestal où il m'a placée, je devrais être capable de rester au-dessus des pulsions de toxico.

— Flora, tu es brillante, tu es la personne la plus intelligente que je connaisse (l'amour n'est pas nécessairement aveugle, mais il est en tout cas bien presbyte, il voit mal de près, et François est vraiment très, très proche de moi), c'est ça qui est troublant chez toi. Là, on peut avoir une discussion normale, mais quand tu t'enquilles tes médicaments, c'est impossible. Ton discours devient pauvre et stéréotypé. Il y a quelque chose de mécanique, tu deviens un peu inaccessible. J'aurais envie de te filmer quand tu as consommé pour que tu te rendes compte, a-t-il coutume de dire.

— Cette pseudo-intelligence, j'aime bien la fuir. Parce que les conclusions auxquelles elle me mène sont des impasses, des apories. Quand on ouvre les yeux, il fait nuit partout et tout le temps. C'est ce que me raconte mon cerveau, et moi, j'ai besoin de le faire taire.

— La vie est faite de malheurs et de bonheurs, regarde les derniers au lieu de te complaire dans les premiers.

— Ce que vit chaque humain, je le vis aussi. Nous sommes de la même condition. Et le malheur des autres ne souligne pas mon bonheur objectif, au contraire, il jette une ombre dessus. S'il n'y avait que moi qui souffrais, à la limite, je me consolerais du bonheur des autres. Mais mes douleurs ont trop d'échos, et lorsque je regarde les tortures auxquelles peut être soumis l'humain, je les partage dans ma chair.

Mes proches considèrent François comme un héros. Son amour, sa dévotion, sa patience à mon égard surtout forcent leur respect. Il ne se passe pas une semaine sans que je m'entende dire combien je suis chanceuse. Je doute qu'on lui renvoie le compliment quand il s'agit de moi. Il était pourtant prévenu. Mes meilleurs amis l'ont accueilli, il y a huit ans, avec une main sur l'épaule et un « bon courage ». Et un sourire tout de même. D'autant qu'à l'époque, j'évoluais dans les limbes du choc post-traumatique. Je me droguais davantage encore, à en perdre la mémoire. Il m'arrivait même de céder à mes velléités suicidaires. Il a carrément eu le droit au grand show : le départ en pleine nuit dans une ambulance jetée vers Sainte-Anne. Pourtant il avait confiance. Ce n'est pas moi qui ai inversé le cours du destin. Mais c'est lui qui m'a ramenée à la vie en me l'insufflant. Et cet enfant qu'il m'a fait me maintient en vie. Tout comme le second. Il y a un avant et un après la maternité. Je n'ai plus jamais voulu attenter à mes jours depuis qu'Hanabi est née il y a cinq ans. *Hana-bi* signifie « feu d'artifice » en japonais, c'est le titre d'un film de Takeshi Kitano sur un détective, Nishi, poursuivi par les yakuzas, qui emmène sa femme en phase terminale pour un dernier voyage. Un voyage poétique autour du Japon et au bout de la vie. Dans la scène finale, Nishi abat sa femme puis se suicide. C'est ainsi que je voudrais mourir. Délivrée par une balle de François, sur une plage désertée sous un soleil réconfortant, avec un feu d'artifice comme épitaphe. Il y a du sang, de la poésie et de l'amour dans Hanabi. De deux ans sa cadette, sa sœur fut baptisée Haydée. Comme la fille du pacha de Janina dans *Le Comte de Monte-Cristo*. Lorsque Edmond Dantès fait sa connaissance, il s'écrie : « Haydée ! Quel adorable nom ! Il y a donc des femmes qui s'appellent véritablement Haydée autre part que dans les poèmes de lord Byron. » Cette princesse redonne un sens à la vie d'Edmond Dantès lorsque celui-ci a accompli sa vengeance et qu'il fait désormais face au vide. Il clame alors : « Haydée ; par toi je me rattache à la vie, par toi je puis souffrir, par toi je puis être heureux. » Mon Haydée, je l'ai fait naître sous le mysticisme des nombres premiers : 11/11/11. Ils ne pouvaient prévoir une césarienne ce jour-là pour cause de célébration de l'armistice de 1918. Alors j'ai simulé un début d'accouchement. Évidemment, mon manège fut découvert, mais mon obstétricien était arrangeant.

Quand j'ai annoncé qu'une cure de désintoxication allait m'exiler de mon foyer pendant trois semaines, les gens ont demandé avec intérêt comment François allait se débrouiller sans moi avec les deux filles. Quand un homme doit s'absenter plusieurs semaines, il ne passe par la tête de personne de demander comment la femelle va survivre. François a pour habitude de dire qu'au contraire, mes départs lui facilitent la vie, car il a ainsi un enfant de moins à gérer. Bien sûr, ce n'est pas très valorisant à mon égard, mais cette indépendance est la clé de ma liberté, que j'ai besoin de trimballer aux quatre coins de la planète.

* * *

La visite de François aujourd'hui, c'est un autre versant de Baudelaire. Ce n'est pas l'Albatros gauche et veule, mais plutôt un souffle clair de « luxe, calme et volupté ». Il s'enquiert d'une certaine infirmière, cette jeune femme lumineuse et rassurante qui nous avait reçus à deux quelque temps avant l'hospitalisation. L'image platonicienne d'une infirmière. Hélas, elle ne s'occupe que des consultations externes. On en est donc réduits à suivre dans la pénombre des ombres d'infirmières. Mais je rassure François en lui parlant de Franck, le soignant de nuit. C'est le pendant masculin de l'infirmière idéalisée que l'on n'aura vue qu'une fois. Le centre propose aux proches des malades de répondre à leurs questionnements. François s'était renseigné sur les violations de l'interdiction de se droguer en cure. Notre interlocutrice avait joué cartes sur table en admettant qu'il était fréquent que des produits circulent. Il lui avait alors lancé un avertissement qui m'avait laissée coite : « Méfiez-vous d'elle. Elle est maligne, elle peut vous duper. »

* * *

Ici, l'Assistance publique est restée figée dans les années 70. L'heure d'Internet n'y a toujours pas sonné. Une légende dit qu'on trouverait du wifi à la cafétéria du centre hépato-biliaire, et un code d'accès circule sous le manteau. Damien me l'a griffonné sur un bout de brochure stop-tabac. Sur mon chemin, je croise une des anorexiques du pavillon voisin, emportée dans l'élan désespéré d'une marche effrénée. À ma grande surprise, j'aperçois Steve attablé en pleine discussion avec un monsieur au look CSP moins. Il a été remercié par le centre six jours plus tôt. La cafétéria de l'hôpital, si elle n'était pas la seule échappatoire à un lieu de vie somme toute exigu, n'est pas vraiment l'endroit qu'on élirait pour aller boire un café ou faire un brin de causette. Je me demande quelle raison a bien pu le ramener dans le ventre de la baleine et vais m'en enquérir avec le naturel qu'il m'a toujours inspiré.

Mais ma salutation enjouée se heurte à un sourire gêné. Steve m'évite du regard et me demande à plusieurs reprises : « Qu'est-ce que tu fais ? » sans attendre de réponse, pour me détourner du sujet qui me brûle la langue, à savoir sa présence en ces murs. Je m'éclipse et m'assois à la table la plus éloignée que je puisse trouver. Un quart d'heure plus tard, alors que je réalise que j'ai nourri des rêves insensés en croyant pouvoir me connecter à internet, les deux hommes se saluent. Steve vient alors vers moi, primesautier comme je le connais.

— Désolé pour tout à l'heure. J'étais avec mon daron. Je le fais venir à l'hôpital, pour qu'il croie que je suis encore en cure alors qu'en fait je suis dehors depuis une semaine.

Technique de filou qu'il est. Je l'ai donc surpris en pleine mascarade infantile.

— Raconte comment ils t'ont foutu à la porte !

— Ils m'ont dit : « On n'arrête pas le suivi avec des rendez-vous, mais on arrête l'hospitalisation. » Moi, c'était la deuxième fois que je fautais. J'avais déjà eu une chance. Quand j'étais revenu de permission, j'avais bu, j'étais à 0,12. La seconde fois, j'étais positif au cannabis et à la cécé...

Tiens, voilà un surnom édulcoré que je ne connaissais pas à la cocaïne.

— ... Et là, ils m'ont grillé juste pour la cécé.

— Mais pourquoi t'as consommé en pleine cure ?

— J'avais un pote qui était passé, il m'avait ramené un truc. Vu que j'avais le truc dans les mains, j'ai pas pu résister. J'aurais pas dû taper pendant l'hospitalisation. J'ai été con. Le mardi, les infirmières passent pour le contrôle des urines. J'ai fait ma pisse normale, je me suis dit, si ça se trouve ça va passer, mais la médecin m'a montré sur le graphique, ça fait ça !

Il mime en envoyant son doigt du sol au plafond.

— Mais j'ai menti jusqu'au bout, jusqu'à temps que je sois dehors.

— Tu loges où en ce moment ?

— Je suis chez un pote. Je fume, je consomme du bédo, je tise. C'est pas mieux quoi. Bon, au moins, c'est pas non plus comme avant, parce que avant, je consommais de la cécé tous les jours. Mais bon, tous les jours de la tise et du bédo. C'est pas top. C'était ma première cure. Je sais que je vais en faire une deuxième, c'est obligé.

Ça le fait rire, le bougre.

— Et dis-moi, t'es une vraie ou une fausse racaille ?

— Je suis une fausse racaille. Moi, je suis pas une racaille, je fais juste des conneries de merde. Une racaille, c'est ceux qui font de la merde, qui agressent les gens.

Je demande une clarification sur la distinction.

— J'ai pas grandi en cité, mais j'y ai traîné souvent. J'ai toujours été un petit con, j'ai toujours traîné avec des mecs qui habitaient en cité. Moi, je vais pas faire chier les gens. On m'a déjà serré pour trafic international de drogue. Parce que je revenais d'Amsterdam. C'est un autre niveau. Dans les *go fast*, tu sais ? J'ai pris neuf mois avec sursis, et trois ans de mise à l'épreuve. Je dois pas faire de conneries sinon je mange mes neuf mois. Mais ça va, c'était pas trop sévère le verdict parce que j'avais pas beaucoup de clients.

Si, en tant que dealer, vous n'avez pas réussi à développer votre clientèle, la justice sera plus clémente. Ça console des lacunes en marketing narcotique.

— Tu peux pas t'empêcher de faire des conneries ! Et comment t'en es arrivé là ?

— J'ai commencé le bédo, j'avais douze ans. L'héroïne, j'ai consommé. Et j'ai arrêté avec la méthadone, et le Subutex au début. Après, j'ai vendu des bédos pour des mecs de cité, j'ai travaillé pour eux, j'ai commencé pointeuse. Et maintenant, je pécho là-bas.

— C'est quoi, pointeuse ?

Dans le monde de Steve, ce n'est pas souvent que les hommes doivent s'accoler un qualificatif féminin…

— Les pointeuses, c'est des mecs, ils vendent des pochons d'herbe de trente euros, toute la journée. C'est leur taf. Ils ont des tafs à la con, mais j'en connais un qui faisait huit mille euros par jour. Un jour, les flics avaient fait une saisie dans la cité où je traîne. Il y avait cent quarante-cinq mille euros en espèces dans un appart de HLM, et huit kilos de beuh. Un jour ou l'autre, ils se font choper en général.

— Et ta famille, comment elle réagit ?

— Bah le pire, c'est que mon frère, il est flic. Il m'a aidé parfois, mon frère. Parfois, je faisais juste une garde à vue et j'allais pas au placard. Mais parfois c'était chaud. Il voulait plus me parler. Il me disait plus bonjour. Là ça va, on se reparle.

Flic et voyou dans la même famille. Tellement cliché… enfin, au cinéma.

— Faut que je revienne là pour faire croire à mon daron que je suis encore là. Je le fais venir deux fois par semaine. Mais ce qui me chagrine, c'est que les papiers de sortie, ils vont arriver chez moi, je vais me faire griller… C'est mon père qui m'a mis la pression pour venir. Si je lui dis que j'ai été viré pour cécé, c'est le drame. Mais normalement, je dois partir en post-cure, ils m'ont dit qu'ils maintenaient ça.

— Une post-cure ? On m'a pas parlé de ça. De quoi il s'agit ?

— Après le sevrage à l'hôpital, tu pars genre à la campagne, et ça dure au moins un mois, parfois trois.

— Bon, j'imagine que je te recroise bientôt ici alors.

— Oui, à plus, passe le bonjour aux autres !

Comme Patrick, Steve regarde sa vie défiler à travers la vitre d'un train dans lequel il serait assis en sens inverse de la marche. En attendant que le bateau prenne l'eau, il profite de la croisière. C'est une attitude comme une autre. Une sorte de stoïcisme inconscient. Une acceptation du karma, cette invitation à la patience cosmique. Les problèmes insolubles d'aujourd'hui seront dissous dans un à-venir certain. Schopenhauer, d'ailleurs, fait du fatalisme une de ses règles récurrentes pour être heureux. Bref, un philosophe qui s'ignore, notre Steve.

* * *

Ce matin, Patrick n'est toujours pas dans son assiette. Enfin si l'on peut dire, car pour le petit déjeuner, il n'y a pas d'assiettes, on fait notre affaire directement sur la table.

— Patrick, ne me dis pas que t'as encore pris un rab injustifié de médicaments !

— Non, non. Mais j'ai fait un drôle de rêve.

On réalise parfois des voyages nocturnes si tangibles qu'ils continuent à prendre en otage l'esprit après le réveil.

— J'étais en train de bosser dans l'abattoir où j'étais boucher avant, et tout d'un coup on m'apprend qu'il y a une visite de François Hollande. Et là, je réalise que je n'ai pas mon calot. J'arrivais pas à le trouver. Nulle part. C'était horrible.

Patrick fait partie de ces masses silencieuses craintives de la hiérarchie, comme l'enfant d'un parent intransigeant qui ne parviendrait pas à grandir. Son humilité candide me bouleverse.

La bonne nouvelle du jour est que le chauffage est tout récemment sorti du coma. Katy porte désormais un débardeur au-dessus de son jogging. Il laisse apparaître la panoplie de tatouages qui lui recouvrent les bras et remontent jusqu'au cou.

— Qu'est-ce qu'ils représentent tes tatouages, Katy ? À part le chat, j'ai du mal à distinguer les autres.

Il faut dire que la qualité des dessins à l'encre noire laisse à désirer.

— Oui, j'ai toujours adoré les chats. Tu sais, j'étais infirmière en véto, moi.

— Et là, tout le long de ton bras, qu'est-ce que ça peut bien être ?

— Un soir, j'étais massacrée, je me suis tapé un tatoueur, et on a fait que de la merde. Laisse tomber.

Faire l'amour en se faisant tatouer, voilà un fantasme inconnu du Kamasutra. C'est en tout cas une façon innovante de pratiquer la double pénétration… D'après sa mine enjouée, ça lui rappelle plutôt de bons souvenirs. Et puis, ce détachement, c'est assez rafraîchissant.

— Et cette espèce de lézard, là ?

— Ça, c'est un personnage qui voyage, parce que j'ai pas mal galéré, j'ai pas mal voyagé.

— Ça te plaisait, infirmière véto ?

— Oui j'adorais ça, je peux pas vivre sans mes chats, tu sais. Un jour, on a fait un truc énorme avec ma collègue. Le boss était pas là, et on s'est tanké de la kéta.

— Pardon ?

— On s'est injecté de la kétamine.

— Mais c'est un anesthésiant pour chevaux ça ! Qu'est-ce que ça fait ?

— T'as l'impression de quitter ton corps, genre en apesanteur. Mais c'est trop fort. C'est pas pour moi. Le docteur était pas là cette après-midi-là, alors on en a profité, mais voilà, c'est tout.

— Et tu fais plus de la véto ?

— Je veux refaire de la véto. J'ai arrêté parce que je me suis barrée dans un village de merde avec un mec, à côté de Toulouse. J'ai rien branlé pendant trois ans. On touchait le RSA, on se démerdait comme on pouvait.

Elle a l'âme d'une baroudeuse, Katy. Elle a le mérite d'être une anticonformiste. Pas de plan de carrière, pas de velléités d'enrichissement, pas de morale préfabriquée, pas d'idées étriquées sur la façon dont les gens devraient mener leur vie.

— Il y a enfin une activité, un groupe de parole dans quelques minutes, tu viens ?

— Non, ça me saoule ce genre de trucs, lâche Katy.

# 10

Une jeune brunette trentenaire, souriante, mignonne même, nous accueille dans une salle de réunion au rez-de-chaussée. La voix est douce et juvénile, le ton engageant, résolument bienveillant.

— Je suis une des psychologues de l'hôpital ; c'est moi qui anime ce groupe d'échange libre sur les thèmes qui vous préoccupent. On va faire un petit tour de table et chacun m'expliquera un peu qui il est. Elle s'adresse à Patrick :

— Alors monsieur, si vous voulez bien commencer.

— Oui. Bah euh moi... (L'hésitation se mue en proclamation.) Chambre 10 !

Patrick a le ton d'un élève fier d'avoir trouvé la réponse. Un aplomb puéril, qui est tombé à côté de la plaque. Les rires sont partagés par tous. Sauf par

Damien. On dirait qu'il convoque toutes ses forces mentales pour ne pas exploser. La psychologue, sourire en étendard, en y mettant son cœur :

— Vous devez d'abord dire votre prénom et votre nom, vous n'êtes pas une chambre pour moi.

— Patrick M., alors.

— Monsieur M., vous êtes là pour l'alcool ?

J'ignore si elle lit cette information sur sa fiche ou sur le visage de Patrick.

— C'est ça, oui.

— Est-ce que vous pensez à un thème d'échange ?

— Bah d'échange, je sais pas. Moi, ce que je sais, c'est que j'ai un souci de logement…

Notre chef d'orchestre le coupe, en douceur :

— Ça, c'est très personnel, ça relève plus de l'assistante sociale.

— Voilà !

Patrick lance son « voilà ! » comme un eurêka décerné à la psy. Il est touchant de bonne volonté. Elle ne lâche pas :

— Y a-t-il des sujets sur lesquels il vous intéresserait d'échanger avec vos collègues ?

— Oui, on parle beaucoup ensemble. (L'ancien jockey s'emballe.) Entre nous, il n'y a rien de tabou !

La brunette déploie des trésors de patience et de diplomatie.

— Oui mais là, vous n'avez pas d'idée…

— On peut parler… euh… si, si… de la sortie ! Comment on fera quand on sera livrés à nous-mêmes, hors d'ici ?

Damien s'octroie le droit d'intervenir. Il s'exprime avec un soupçon de condescendance. L'ambiance bascule du léger au grave.

— On a un atelier prévention rechute, donc ça fait un peu doublon.

— Alors en fait, en général, on donne des thèmes, mais on se rend compte que ça dévie et ça rejoint parfois la rechute.

Polie mais ferme, notre animatrice reprend le tour de table.

— Et vous, madame ?

— Flora.

— Et vous êtes là... ?

— Pour médicaments. Moi, je voudrais bien discuter de la part de volonté dans l'arrêt des produits.

Je reçois un bon point :

— C'est très intéressant. La part de volonté et la part qu'on ne maîtrise pas. Et vous, monsieur ?

— Je suis Paul, je suis là pour l'alcool et, comme ont dit mes collègues, c'est la sortie qui me préoccupe.

Paul a un accent populaire. Quand il parle, c'est comme s'il avait de l'air coincé dans les joues. Je rebondis sur son angoisse.

— Moi aussi, ça me fait super peur. Je ne croyais pas que j'aurais peur de sortir de cet endroit où j'étais terrorisée d'entrer.

La psychologue reprend, à l'adresse de Damien.

— Et vous, monsieur ?

Damien s'exprime avec le débit d'un métronome. Tourmenté mais hiératique, comme s'il s'efforçait toujours d'adopter l'attitude la plus neutre possible. Il est le seul « malade » de notre groupe du point de vue psychiatrique ; il est descendu plus profond que les autres dans les ténèbres de l'esprit. Et lui se considère comme le plus intelligent.

— Damien. Je suis là pour alcool et injection de cocaïne, j'ai touché un peu à tout, et le thème de la part de volonté me plaît parce que moi j'ai un TDH, trouble du déficit de l'attention et hyperactivité, et certainement mais pas sûrement, bipolaire aussi. C'est vrai que c'est mon cas personnel, moi, j'ai pas le cas de tout le monde, j'ai des problèmes psy et c'est entremêlé avec les problèmes d'addiction. Je trouve que pour moi, la part de volonté, on peut se questionner.

— Intéressant, note-t-elle. Puis, d'un regard adressé à Didier, elle continue son passage en revue.

— Monsieur ?

— Didier P.

Depuis son arrivée, je n'ai réussi à lui tirer aucun ver du nez. Il passe ses journées à lire des psaumes dans la salle d'attente des consultations externes.

— Vous êtes arrivé récemment parmi nous. Vous êtes là pour l'alcool, c'est ça ?

Je demande, à haute voix, si notre chef d'orchestre n'est pas en train de commettre un délit de sale gueule d'addict, pour la deuxième fois ! Entre les rires, elle m'assure que non.

— Bon, une idée de thème ?

— La sortie, pareil.

Didier n'aurait évidemment pas pris le risque de se démarquer.

— Même si vous venez de rentrer ?

Didier a senti qu'il la décevait. Il doit retrouver la neutralité qui caractérise ses rapports à l'autre. Il fait un effort inutile :

— Oui enfin, l'après, quoi. Je compte beaucoup déjà sur l'hospitalisation, mais l'après.

Ce dernier mot est repris en chœur par la majorité de l'assemblée. Les gens ont davantage peur de quitter une cure que d'y entrer. La psychologue reprend le tour de table d'un coup d'œil vers Jérôme.

— Jérôme L., alcool, cannabis et tabac. C'est vrai que la part de volonté, c'est compliqué, surtout pour le tabac. Je prends des patchs, des Nicorette, et ça m'empêche pas de continuer à fumer. Après, la sortie, c'est pas ce qui me gêne le plus. On nous dit : « Changez vos fréquentations pour éviter de rechuter. » Déjà, c'est pas forcément évident. En plus, si vous changez de milieu, vous êtes quand même addict à quelque chose et c'est quand même la volonté qui compte.

La brunette tempère avec tact et un grand souci de pédagogie, ne voulant pas effrayer les caractères craintifs et débonnaires parmi nous :

— C'est la façon dont vous le voyez. Mais on peut en parler. Alors vous, madame ?

— Moi, c'est Dominique N., je suis là pour l'alcool.

— Vous avez envie de parler de quelque chose ?

D'un air comico-inquiet très justement interprété, Dominique implore :

— Quand est-ce que je m'en vais ?

Rires partagés par la psy.

— Depuis que je suis ici, poursuit Dominique, je n'ai jamais eu envie de boire de l'alcool. Ma réaction à l'alcool, c'est souvent émotionnel, parce que je ne sais pas gérer une émotion. C'est un peu différent, c'est pas l'envie, c'est...

Le métronome de la voix de Damien accélère le rythme :

— C'est un peu la question : parfois c'est l'envie, parfois c'est le besoin, parfois les deux.

Le groupe s'anime, s'enthousiasme, acquiesce. Patrick, adoptant la posture de l'élève face à Damien :

— Quelle est la différence entre besoin et envie ?

Damien, sur un ton professoral :

— L'envie c'est par plaisir, le besoin c'est pour se sentir normal.

Je dois dire que cette distinction me semble pertinente. Jérôme ajoute :

— Moi, je consomme par nécessité !

Quant à Patrick, ce sont d'autres aspects plus épicuriens qu'il met en relief :

— Et l'envie et le plaisir !

Damien garde le cap :

— L'envie c'est pour se sentir bien, voire euphorique, et le besoin c'est juste pour pouvoir fonctionner.

Patrick, gentiment dubitatif sur le cours :

— Et l'envie, c'est pas un besoin ? Enfin...

Ce « enfin » est prononcé sur le ton d'un vindicatif « Enfin quand même ! ».

Dominique semble surprise par ce qu'elle dit :

— Mais c'est étrange, l'envie, ici, je ne l'ai pas du tout...

Je réalise que je ressens la même chose. Damien la coupe. Il a une idée à mener à terme.

— L'envie de se défoncer, c'est pour échapper à la réalité. Alors que le besoin de se défoncer, c'est pour s'ancrer dans la réalité. L'envie est plus facile à combattre que le besoin. C'est pour le besoin que la volonté intervient.

Damien souligne bien ici la différence entre consommation récréative et consommation addictive. Dominique engage une conversation parallèle :

— Je t'avoue qu'il n'y a rien qui me dégoûte plus que l'alcool.

Quelques acquiescements, « Pareil ! ». Patrick et ses impayables saillies :

— Moi non !

— Papi, on ne te donnera plus de camembert, ça te donne trop envie de pinard, lance Jérôme, hilare.

Patrick, enthousiaste puis dépité :

— Ça c'est un vrai plaisir, voilà ! Non seulement faut que j'arrête de boire mais en plus faut que j'arrête de manger du fromage, pfff.

La psy se laisse gagner par la bonne humeur mais reprend sa baguette de chef d'orchestre avec délicatesse :

— Vous êtes tous très enthousiastes, mais essayez de ne pas vous couper la parole. Donc est-ce qu'il y en a d'autres dans cette situation ?

Jérôme, le nerveux, intervient à nouveau :

— Moi non plus, l'alcool, j'aime pas ça. Je bois que le soir pour dormir, par nécessité. Jamais la journée.

— Moi, je suis boulanger, nous apprend Paul, et je peux pas faire trop de bêtises parce que c'est un métier assez dur. Pour moi aussi, c'est plutôt le soir. Le matin, je peux pas arriver totalement bourré au travail ; j'ai des machines très dangereuses qui coupent comme ça (geste d'amputation de la main), je peux mettre la main dans le pétrin, et j'ai plus rien.

— Qu'est-ce que vous entendez par la part de volonté ?

À mon adresse :

— C'est vous madame qui avez lancé le sujet.

— Je ne pense pas qu'il y ait de réponse à cette question. C'est très, très frustrant. Ça me terrorise mais il est impossible de déterminer la part de volonté dans l'arrêt de l'addiction, c'est tout le problème de l'étendue de notre libre arbitre. Ce n'est plus une question médicale. C'est une question philosophique. Je ne sais pas comment vous pouvez nous aider.

— Qu'est-ce que vous en pensez, vous ? me demande-t-elle comme si je ne venais pas tout juste de m'exprimer. Patrick tente de me venir en aide.

— Faut pas non plus se mettre une grosse pression sur la volonté. Y a d'autres choses qui comptent dans l'arrêt : euh l'entourage, euh... tout ce qui est médicamenteux, et puis la chance. La chance... Parce que moi, si je me dis il n'y a que la volonté, j'en ai pas, j'en ai jamais eu.

Dominique, haut les cœurs :

— Tu as l'impression de pas en avoir !

— Oui, mais je ne suis pas venu là que pour l'alcool en plus. Suis addict au jeu aussi.

Patrick était jockey, il était fêtard, et surtout il était cigale. Avant de s'en rendre compte, il est devenu un alcoolique SDF. L'animatrice psychologue a du mal à dégager une dynamique. Elle console l'individu puis fait appel au groupe.

— Nous, on vous dit juste que rien que le fait de venir là, c'est déjà de la volonté. Qu'est-ce que vous en pensez ?

— Bah, on m'a dit que j'avais meilleure mine.

Il est tout content de lui, Patrick, et il nous contamine. Dominique, la lesbienne alcoolique, mise en verve :

— Je suis quelqu'un qui n'a pas beaucoup de volonté. Mais j'ai arrêté une fois en ambulatoire. Quand j'ai été capable de dire à quelqu'un : « Tu me fais chier », ça m'a évité la bouteille.

Jérôme aboie :

— Y a pas plus simple que de dire merde !

Je tends à me ranger à son avis. Contrairement à Patrick :

— Non, c'est dur parfois. C'est dur. Moi par exemple, il y a les enfants d'un copain qui s'est tué à cheval, ils ont de l'argent, ils ont toujours profité de moi. L'autre jour, ils me disent, comme à chaque fois, qu'ils ont un cochon à tuer et qu'ils voulaient que je le fasse. Ils m'ont jamais invité pour un week-end là-bas, alors je leur ai envoyé un SMS pour leur dire que j'étais occupé. Mais ça a été difficile de leur dire non pour une fois.

Je vais essayer vainement de ne pas plomber l'ambiance car pour ma part, ce n'est pas l'inhibition qui me vaut mon addiction.

— Moi, j'ai commencé à consommer après un viol. C'était il y a huit ans. Et depuis je ne sais pas comment fonctionner sans médicaments. Même pour élever mes enfants, j'ai besoin de me droguer.

Les besoins de mes filles, si petites, passent naturellement avant les miens. Et je suffoque encore davantage qu'à l'accoutumée, en proie à une vaine culpabilité. Aujourd'hui le seul remède à ma portée, le seul qu'on me suggère d'ailleurs, ce sont les cachets. Le bonheur qu'elles me procurent est à la hauteur du sacrifice qu'elles me demandent, comme si le monde était bien ce système de précises compensations décrit dans *L'Immortel* de Borges. J'exulte et je saigne au quotidien.

La psychologue prend le ton de la personne qui ose lever un tabou :

— Ce n'est pas évident d'élever des enfants, je pense qu'on peut le reconnaître, c'est un métier difficile qui demande beaucoup de patience. Là, on touche aussi la question de la patience face aux situations difficiles.

— Diriez-vous que vous êtes un peu patients, les uns et les autres ?

Jérôme dégaine, et sans surprise :

— Pas du tout !

Quant à Patrick, il est soudain éploré :

— Pfff, de moins en moins. La vie m'a rendu plus… pfff… plus patient, non, l'inverse. Moins de joie de vivre, moins ceci, moins cela… par rapport aux choses de la vie quoi. Je suis devenu moins souriant, contrairement (il redevient souriant) à ce que mes camarades ici peuvent penser.

Dominique observe :

— Ici, on a tous un nez rouge – elle fait référence à l'appendice emblématique des clowns bien sûr, pas à la truffe des alcooliques –, mais on sait tous que c'est un artifice. On est tous à peu près dans le même cas, on donne une image de personnes qui vont bien…

Je notifie mon désaccord, et suscite quelques acquiescements :

— Je ne crois pas, Dominique. Tu sembles dire qu'on porte un masque ici. Au contraire, on peut enfin le laisser tomber ; ici, notre addiction n'est plus taboue. Et il y a clairement, au moins, une partie de nous-mêmes qui va bien.

— Vous trouvez que vous êtes un bon groupe ? s'enquiert la brunette.

Divers « oui » enthousiastes émanent du groupe. Jérôme étaye :

— C'est ma première cuite, euh non, première

cure – et la dernière – et je pensais pas que ce serait aussi sympa.

Voilà ce qu'on appelle un lapsus révélateur.

La maîtresse de cérémonie, confondue par ces transports, nous apprend qu'il n'y a pas toujours autant de solidarité.

— Ici, comme dit Flora, je trouve qu'on est un super groupe, ajoute Jérôme, parce que tout le monde s'écoute, on s'entraide, on est tous polis, il n'y a pas de méchanceté les uns envers les autres. On s'entend bien. On se marre bien.

— Ce qui est positif, c'est qu'ici vous vous faites du bien les uns aux autres, note la psychologue.

Elle reçoit une volée de « oui » et conclut :

— Et ça, c'est un aspect thérapeutique.

Je reprends la parole :

— Je me demande s'il y a des gens qui sont sûrs à cent pour cent de pouvoir s'en sortir ?

Quelques « non ». Dominique tente une réponse :

— À cent pour cent, non. Je le souhaite à cent pour cent. Mais est-ce que je suis sûre, je ne sais pas.

— Qu'est-ce qui fait que vous vous posez la question ? me demande l'animatrice. Vous pensez qu'on peut être un peu magicien et que tout...

Évidemment, je ne me prends pas pour une magicienne. Je la coupe pour m'expliquer :

— Je me demande si on ne peut pas fermer la porte mentalement à la consommation. Se dire, voilà, c'est fini.

Le thème de la volonté a déjà été une pomme de discorde entre mon entourage et moi-même lors de mes épisodes dépressifs consécutifs au viol. Les bien-portants ne comprennent pas la passivité d'un déprimé qui persiste à oublier l'évidente maxime « Aide-toi et le ciel t'aidera. » Dans les pires crises d'abattement, toute volonté est refusée au souffrant. Car en réalité, c'est aussi le désir qui lui devient étranger. Et comme dans la dépression, on ne perd pas la raison, la volonté est aussi une pomme de discorde intérieure pour le malade. Spectateur de sa propre douleur, il développe naturellement un sentiment de culpabilité. La dépression est une prison où l'on se cogne entre quatre murs.

— Beaucoup de gens se disent qu'ils ne consommeront plus et ça n'est pas forcément ceux qui rechutent le moins, nous professe la maîtresse de cérémonie, suscitant ma surprise. Il peut y avoir des patients qui ferment les yeux, les oreilles, « de toute façon, je ne consommerai pas, je ne regarderai pas ce qui se passe autour. Tout ira bien ». Mais ça n'est pas la vraie vie. Ce qu'il faut, c'est arriver concrètement à mettre en place des stratégies dans les moments où vous aurez envie de consommer. C'est bien d'avoir confiance en soi, mais quand on est trop confiant, on n'est pas assez vigilant face aux situations à risques. L'addiction, c'est quelque chose de chronique, on peut dire que c'est une maladie.

Jérôme intervient, presque vindicatif :

— C'est pas une maladie !

— On met le mot « maladie » dans le monde médical, mais vous n'êtes pas obligés de l'employer. Je veux juste dire que c'est une fragilité qui existe pour toute votre vie, il faudra rester vigilant – addict un jour, addict toujours. Beaucoup de gens se croient guéris au bout de x années et peuvent retomber dedans. C'est pas pour plaquer des mots, c'est aussi pour vous dire qu'il y a une part qui vous dépasse. Quelque chose dans votre cerveau, vos connexions synaptiques, réclame du produit. Vous avez bien vu, il y a des gens, ils prennent un verre d'alcool, et ils ne peuvent pas en consommer plus. Vous, vous avez une tolérance au produit. Vous avez développé un truc qui fait qu'il en faut toujours plus pour se sentir dans un état qui vous convient. Vous avez des propriétés que n'ont pas d'autres gens et qui vous rendent plus vulnérables à l'addiction. En fait, il y a trois pôles qui mènent à une addiction...

— Eh bah, Paul, ça ne va pas arranger ton cas !

Paul surfe sur la plaisanterie :

— Il y a le pôle Nord, il y a le pôle Sud et il y a moi !

— Bon, on va dire trois points. Le premier point, c'est le facteur corporel de tolérance. Le deuxième, c'est la fragilité personnelle, ce qu'on a vécu de compliqué, on ne part pas tous dans la vie avec les mêmes chances. Et le troisième point, c'est l'environnement familial. Il faut se poser la question : « Est-ce qu'il y a des moments où j'ai dû beaucoup gérer toute seule, et du coup le produit a été là pour moi ? » Effectivement il faut une part de volonté, vous avez choisi d'être ici, c'est courageux. Mais il y a aussi quelque chose qui vous dépasse. Parce que si c'était que la volonté, beaucoup d'entre vous s'en seraient déjà sortis...

— Ma mère m'a dit un jour quand j'étais jeune : la vie, c'est une tartine de merde et tous les jours t'en manges un petit bout, intervient Jérôme. Je pense qu'elle avait raison, et à l'époque, je touchais à rien du tout.

— C'est fort ce que vous dites...

— Non, c'est quelque chose que j'ai toujours eu en tête, elle avait raison. Je vais partir d'ici, me sortir de mes addictions sans problème, mais je vais me taper des médocs. Je suis quelqu'un d'excessif.

— C'est souvent le cas des personnalités qui se retrouvent dans les addictions, nous informe la psychologue.

— Moi, je suis excessif, insiste Jérôme.

Ce sera le mot de la fin. Ici, de toute évidence, nous sommes tous excessifs. Je me demande au fond s'il existe des individus ne se considérant pas comme excessifs. Bienheureux celui qui s'estime mesuré. Il tient serrées les rênes de sa vie, qui se plie à sa modération vertueuse. La vertu consiste dans le milieu, dit-on. Dans l'*Éthique à Nicomaque*, Aristote précise même qu'elle est le juste milieu entre deux vices. Appliquée aux drogues, cette sagesse chasse l'addiction comme l'abstinence. Tous les dépendants rêvent de cet équilibre. C'est ce qu'on appelle la consommation récréative.

L'individu bien portant la pratique sans encombre. Mais pour les addictologues dernier cri, celui qui perd le contrôle de sa consommation psychotrope est malade. C'est la vraie première fois, à l'occasion de cette discussion collective, que j'entends l'addiction clairement désignée comme une maladie. Il me semble que, si on se considère comme aliéné par une altération de notre santé, on se déresponsabilise. Pour les Occidentaux que nous sommes, la réponse à la maladie est extérieure, étrangère à notre esprit. La solution est cherchée en dehors de nous, par l'intervention de la médecine allopathique. Mais en matière de dépendance, on ne peut adopter la posture du cancéreux qui attend sa chimiothérapie. D'où mon questionnement sur le rôle de la volonté dans la lutte contre le mal dont nous souffrons. J'ai bien essayé d'arrêter avant de me décider à venir ici. En vain. Ma volonté ne m'avait pourtant jamais fait défaut dans tous les domaines de la vie.

# 11

Aujourd'hui oubliée par la brigade du réveil, je m'offre une grasse matinée. En guise de petit déjeuner, je m'en vais concocter un café avec l'eau de la fontaine que je réchaufferai dans le micro-ondes. Je me saisis d'un verre dans l'office en face du réfectoire, où sont assises deux infirmières. L'une d'entre elles, en surpoids, coiffée d'une tignasse rouge comme un signal de détresse, m'apostrophe, négligeant les salutations d'usage.

— Vous l'avez trouvé où, ce verre ?

Elle fait partie de la maison, l'imposante rousse. Elle sait parfaitement où j'ai dégoté mon godet. Je garde mon calme malgré le ton, digne d'un patron atrabilaire prêt à réprimander un subalterne falot. Mon silence indifférent lui indique que je ne jouerai pas cette comédie.

— Vous n'avez pas le droit d'aller vous servir dans l'office.

— William, votre collègue, nous y autorise pourtant.

— Ce n'est pas mon problème.

— De toute évidence, ça l'est. Si on veut se faire un café ou un thé en dehors des repas, c'est impossible, donc ?

— Pas avec le matériel de l'hôpital.

— Alors si je n'ai pas le droit d'aller dans l'office, je ne peux pas aller ranger le verre, lui fais-je en plantant l'objet de la discorde sous ses yeux et en tournant les talons.

Dès le berceau, je n'ai jamais manqué une occasion de me défendre, hors de la sphère familiale – je n'utilise pas le mot « bulle ». La seule opportunité que j'ai dû laisser passer, c'est le viol. Si je me défendais, je mourais. Le contrat était limpide. Pourtant, selon mes mots de toujours, « plutôt crever la gueule ouverte dans le caniveau » que de voir ma dignité piétinée. Depuis le viol, quelque chose en moi en appelle au duel corporel. J'en ai fait l'expérience quelques semaines après. Nous étions au théâtre, ma voisine du troisième âge s'énervait parce que je pianotais sur mon clavier. Elle me bouscula. Je lui agrippai le bras et l'admonestai, la mâchoire serrée, articulant lentement avec fureur : « Je vous préviens, j'ai été victime d'une agression. Si vous recommencez, je vous éclate. La. Gueule. » Ce qui la piqua au vif et la fit recommencer, déchaînant chez moi une ivresse de violence. En pleine représentation, je me levai et la frappai, sans toucher son visage, hurlant : « Vous n'avez pas le droit de me toucher, vous n'avez pas le droit de me toucher. » Je l'ignorais jusque-là, mon violeur m'avait donné le baptême de la violence. Quelque temps plus tard, un ami, à l'entrée d'une boîte de nuit du XVIe, s'enquérait du raffut : « Des racailles ont foutu la merde ? — Non c'est Flora Nicol qui a frappé le videur. » Mon agresseur évidemment avait lui aussi été victime d'abus et de coups, il était d'ailleurs le fruit d'un viol. La violence est comme un virus qui se propage de façon exponentielle. La mienne n'est jamais gratuite, car toujours suscitée. Jamais contre ceux que je connais. Et c'est surtout contre moi que je la retourne.

Je décide de dissoudre mon humeur grisâtre à l'aide de mon tuyau d'arrosage estropié. L'eau brûlante apaise les crampes musculaires induites par le sevrage. Depuis ce matin, un nouveau symptôme a rejoint la ribambelle des désagréments du manque. Mes mains tremblent. Je l'ai réalisé avec le dérisoire épisode transgressif du verre. Depuis que je me drogue, je n'ai trouvé aucun argument suffisant pour me réfréner (il faut admettre que la raison a bien du mal à faire son chemin dans le dédale de l'addiction). Cette fois, l'épreuve physique que je traverse me semble être le meilleur antidote à une rechute. Je ne veux plus jamais repasser par ce cauchemar physiologique. De ce dégoût, on faisait même des cures. Des cures adversives. On donnait ainsi à certains alcooliques un remède du nom d'Esperal, un médicament qui provoque une cuite au premier verre. Si le soiffard flanche, il vomit ses entrailles. Il vomit sa dépendance. Les médecins m'ont proposé l'équivalent pour les opiomanes, mais mon masochisme a des limites.

J'en suis là de mes réflexions quand j'entends la porte de ma chambre s'ouvrir. Je sursaute. Quelqu'un s'est introduit. Il me reste un écran de pudeur derrière la porte de la salle d'eau. Ce doit encore être une infirmière qui entre sans préavis. Je signifie haut et fort qu'une douche est en cours. Mais la dernière porte s'ouvre ! Je regrette très vite qu'il ne s'agisse pas d'une blouse blanche cavalière. C'est Paul qui se tient là, les yeux voulant fuir leurs orbites. On dirait un poisson qui suffoque. Qui gaspe. Sa surprise et sa gêne font virer son teint rouge éthylique au vermillon surexposé. Il s'en passe du temps avant qu'il n'articule qu'il s'est trompé de chambre et s'en retourne sur ses pas ! On dirait Mister Bean tombant sur Miss Angleterre en tenue d'Ève. L'idée qu'il puisse s'agir d'un acte lubrique ne m'effleure même pas. Paul est soit facilement impressionnable, soit très long à la détente. Les deux, probablement. On n'imagine pas Simplet aller se rincer l'œil pendant les ablutions de Blanche-Neige. Je ne suis pas gênée, mais, sous la surprise, ma respiration devient esclave de ma cicatrice et se bloque dans un hoquet, comme cette nuit où mon agresseur a bondi sur moi. Malgré l'absence de danger, mes poumons restent figés dans l'Antarctique de la frayeur. Il me faut de longues secondes avant d'exhaler un soupir et de recommencer à vivre. Depuis cette nuit de septembre, chaque sursaut est une réminiscence. Un nid-de-poule, un attentat. Une porte qui claque, le souvenir d'un naufrage.

* * *

Je m'en vais déambuler dans les artères de cet espace ascétique qui est devenu, contre toute attente, notre bulle. La façon dont on investit les lieux n'est finalement qu'une vue de l'esprit. Le confort psychologique l'emporte toujours sur le confort matériel. Et ici, nous avons tous rendu les armes et assumé notre dépendance. Après des années de dissimulation et de honte étouffée, c'est une position plus confortable. Je bute très vite sur Nadia, notre candide métisse, et je m'avise qu'elle a renfilé le déguisement bleu.

— Qu'est-ce qui te vaut le retour à cet accoutrement, Nadia ? Tu as fauté ?

Son visage a déjà l'expression de quelqu'un qui expirerait un Pfff.

— Oui, je suis allée à la cafétéria et j'ai pris une bière sans alcool.

Elle arrive à sourire alors que ses sourcils chutent vers le bas de son visage, vers l'extérieur, comme deux larmes qui coulent.

— Et en fait, il y en a quand même, de l'alcool.

— Oui, j'ai appris ça ici. Comment ils l'ont su ?

— Bah je suis allée leur dire, et maintenant je me retrouve en schtroumpf encore une fois ! lâche-t-elle dans un rire innocent.

Nadia, il suffit qu'on lui parle pour qu'elle sourie. Elle veut rire de tout. Mais pas franchement. Un rire comme une bouée dans une vie qui la submerge. Parce que Nadia, elle n'y arrive pas avec la vie. La vie et elle, ça colle pas. Elle tombe toujours à côté, et les satisfactions de l'ego, l'existence sociale, l'accomplissement professionnel lui sont interdits. Elle n'a pas de place dans le monde. Elle fait partie des vagabonds de la vie. Pas étonnant qu'elle incarne une conception antique du destin. Cette force suprême qui peut faire plier les êtres contre leur plus grande volonté, tel un dieu tout-puissant qui vous harcèle, piétinant votre libre arbitre.

— Mais j'ai eu une bonne nouvelle, mon assistante sociale m'a appelée et je vais avoir une aide ménagère en sortant. C'est sympa, sauf que tu fais le ménage avec elle. Moi sinon, j'ai la flemme, mais peut-être qu'un jour j'aurai pas le choix si j'ai des enfants.

— Comment t'as dégoté ça ?

— La curatrice m'envoie une aide à domicile, elle me dit : « Vous aurez plus de temps pour vous. »

— Mais pourquoi es-tu en curatelle ?

— La curatelle, c'est toi qui la demandes. Mineur, j'étais sous tutelle parce que j'étais orpheline, et à dix-huit ans, je suis passée sous curatelle. Ils m'ont demandé : « Est-ce que vous êtes capable de gérer votre argent ? » J'ai dit : « Bah non, j'ai dix-huit ans, je suis naïve, je sais que je vais dépenser tout mon héritage. En plus, je suis alcoolique. » Depuis, j'ai toujours demandé le renouvellement de la curatelle.

Nadia a aujourd'hui trente-cinq ans. La curatelle est destinée à protéger un adulte vulnérable. Elle sera ainsi pourvue toute sa vie, c'est tout vu. Je continue à découvrir l'étendue de l'État providence pour les déshérités de la Terre, et je me réjouis que notre société ait assez de conscience sociale pour aider ces gens si démunis.

— Au fait, pourquoi tu ne déménages pas ?

— C'est ma curatrice qui m'a conseillé d'habiter là pour ne pas gaspiller mon argent. Mais j'ai l'intention de déménager sur Rennes, j'ai de la famille là-bas, je serai plus entourée. Je peux compter sur eux. Bon, il y aura toujours l'apéro, mais c'est à moi de dire non. C'est la famille du côté de ma mère adoptive. Ils me disent : « Tu peux pas t'en sortir toute seule. » En plus, à Nantes, il y a une succursale de la boîte où je bosse. Au boulot, ils ne savent pas que je suis alcoolique, je serais virée sur-le-champ.

Si, au-delà du monde médical, l'idée que la dépendance est une maladie gagne la société civile, il sera un jour plus compliqué de licencier un salarié toujours éméché. On aura compris qu'il ne s'agit pas d'alcool festif en milieu professionnel, mais d'alcool indispensable carburant. Ça n'est pas sans rappeler la situation de l'Inde en 1947 décrite par Salman Rushdie dans *Les Enfants de minuit*. L'écrivain raconte qu'après l'Indépendance, la prohibition avait cours et que seuls les alcooliques avaient le droit de se procurer de l'alcool en échange d'une petite feuille rose, certificat délivré par les médecins pour attester de leur dépendance. Je demande à Nadia :

— Comment tu caches ton alcoolisme au travail ?

— Je bois à partir de l'après-midi et comme je bosse de 8 heures à 14 heures, ça le fait ! Si je bois jusqu'à minuit, eh ben, je sais que j'irai pas au boulot. Je sais que je vais sentir l'alcool. Du coup, je buvais quatre bières et à 22 heures, j'allais me coucher. Mes habitudes, c'est je vais au supermarché, je prends mes cannettes et tout, je fais ma petite musique, que j'adore d'ailleurs. Je buvais quatre, huit, jusqu'à dix. Mais pas le matin, à part le week-end. Mon café d'abord, après l'alcool les week-ends.

On dirait qu'elle décrit l'organisation d'un pique-nique champêtre un soir de printemps. Elle est consciente du tragique de son état, sans verser dans l'auto-apitoiement. Sa manière de mettre de la distance par l'exercice de ses zygomatiques semble destinée à épargner son interlocuteur. Pas lui plomber le moral, en somme. Ça détournerait un potentiel ami, et Nadia ne peut pas laisser passer une telle occasion.

— Tu buvais pour atténuer le manque ou pour être bourrée ?

— Pour être bourrée, jusqu'à être par terre. Tous les jours. J'ai fait quatre comas éthyliques, urgences, etc. Parfois chez moi, parfois dans la rue.

— Mais c'est dangereux pour une femme, la nuit, de battre le pavé bourrée.

— Oui, une fois, un gars m'a relevée dans les escaliers, j'avais loupé le dernier métro et je cherchais un coin pour dormir. Il m'a emmenée chez lui. Il m'a fait boire de la vodka-orange. Il m'a attaché les bras et il m'a prise par-derrière. Je suis partie le lendemain matin et puis voilà.

— Tu n'as pas déposé plainte ?

— Non. Je sais pas pourquoi. Sûrement la honte.

Jérôme vient nous aborder à ce moment, avec un nouveau bleu sur l'épaule duquel il a posé sa main.

— Je vous présente Timothée, c'est le benjamin, il est tout jeune, il a vingt-trois ans. Je te présente Flora et Nadia.

Timothée semble amusé et un peu étonné qu'un pensionnaire le prenne sous son aile paternelle et s'empresse de lui assurer une arrivée en douceur dans ce centre dantesque. La petite faiblesse qui le perd, c'est le haschich. C'est le premier dans ce cas pour notre groupe. Timothée fait partie de ces gens qui conserveront un aspect juvénile toute leur vie et passeront de gamin à vieillard sans qu'on s'en rende compte. Pourtant on devine déjà sur ses tempes des entrées précoces qui ne manqueront pas de dégénérer en calvities latérales. Le regard vif et curieux de ses yeux noisette ajoute une touche d'entrain à sa physionomie avenante. Le revers de la médaille, c'est une impression de grande fragilité.

Je partage avec le nouvel arrivant l'amour du cannabis, même si dans son cas, c'est un amour vache. Timothée est surpris que je ne sois pas ici pour cesser cette pratique. Mais très peu d'utilisateurs de cette substance développent une addiction. Si la plupart des consommateurs d'héroïne (comme d'ailleurs les fumeurs de tabac) sont dépendants, ce n'est pas le cas des usagers de cannabis ; le pourcentage d'addicts au cannabis est à peu près de cinq pour cent. Et même ici, dans le temple de l'addictologie, on reconnaît la bien moindre toxicité de cette herbe face aux autres psychotropes.

En ce qui me concerne, le haschich est un adoucissant du réel. Il fait taire les nerfs qui nourrissent les angoisses et le stress. Si une dispute survient avec François, aussi violente soit-elle, il nous suffit de quelques bouffées pour verser dans un dialogue apaisé et constructif. La ganja me met dans un état méditatif. Elle fait taire le passé et voile le futur, ouvrant la voie à l'instant présent. Et lorsque les démons se sont tus, soufflés par les vapeurs cannabiques, je vois, je contemple mon bonheur. Mes amours filiaux, ma passion maritale, mes jouissances intellectuelles, la fée qui s'est penchée sur mon berceau ne sont plus entravés par les affres de l'anxiété, les contraintes du réel. C'est un voyage sur un nuage, près du soleil.

Cette plante n'est pas un fléau des temps modernes. Elle a accompagné de nombreuses civilisations, on l'a louée pour ses vertus médicinales, comme de nombreuses autres plantes, mais en une dimension supérieure. En Chine, le chanvre est considéré comme un prolongateur de vie « allégeant le corps comme celui d'un Immortel chevauchant les nuages », poétique et puissante formule inscrite dans le très ancien traité de pharmacopée chinoise le *Shennong bencao jing*, vers 2800 ans avant J.-C.

Il est totalement aberrant que son usage soit illégal, alors que les médicaments, l'alcool ou le tabac sont en vente libre. Le mouvement est en marche. Des États comme les Pays-Bas ou l'Uruguay ont levé le tabou de la consommation récréative. Même les champions du puritanisme, les Américains, s'y sont mis. Parfois en prenant un petit détour hypocrite, celui du cannabis médicinal. Mais en Californie, les astuces des consommateurs pour se procurer du haschich thérapeutique ne nécessitent pas beaucoup d'ingéniosité. Le Colorado, Washington, et bientôt l'Oregon acceptent désormais l'usage récréatif. En France, le tabou est peut-être sur le point d'être levé. Avant qu'elles soient détrônées par l'aspirine, on trouvait, au XIXe siècle, des préparations à base de cannabis pour adoucir céphalées, douleurs dentaire ou autres. Aujourd'hui, notre pays s'apprête à voir arriver un nouveau médicament, le Sativex, qui contient du

THC, la fameuse molécule active du cannabis, et qui est employé pour soulager les douleurs des malades atteints de sclérose en plaques. Une petite révolution car jusqu'à cette année, les médicaments contenant du cannabis étaient interdits en France, au titre de la loi sur les drogues de 1970. Une plante bannie de la pharmacopée française en 1953 revient en force. Un tabou est brisé.

Peut-être se résoudra-t-on un jour à ne plus jeter l'argent par les fenêtres en combattant une consommation immuable. La France était, en 2011, l'un des pays ayant la plus forte proportion de consommateurs de cannabis en population adulte au sein des pays de l'Union européenne. En outre, la lutte contre le cannabis crée une guerre civile, des ghettos. La focalisation sur la « guerre à la drogue » a entraîné une perception exacerbée de la dangerosité des produits illicites, qui a pour conséquences une sous-évaluation relative de celle des produits licites. La bataille est perdue d'avance. Ce n'est ni plus ni moins qu'une prohibition, et on gagnerait à encadrer sa vente pour la taxer puis, grâce à cette manne, aider les dépendants et protéger les mineurs. Le statut juridique est si absurde qu'en ce moment même, je me rends coupable d'un délit en violant la loi de 1970 qui prohibe tout discours sur tout type de drogues.

* * *

Cette après-midi, un groupe de parole sur les techniques pour éviter la rechute se tient dans la salle de réunion. Une des astuces, nous dit-on, est de changer ses fréquentations. Il est vrai que beaucoup de dépendants pratiquent en groupe, ça déculpabilise. Rejoindre les siens sans partager leur consommation, c'est s'exposer à un danger. Le pauvre Patrick a ainsi reçu une visite d'un de ses acolytes alcooliques lors d'une permission. Le tact aurait voulu qu'il se prive de Ricard tandis que l'ancien jockey sirotait une menthe à l'eau. Mais l'ami a poussé l'indélicatesse jusqu'à insister pour que son camarade en rémission trinque avec lui. Quant à moi, adapter mon entourage ne me serait d'aucune utilité, puisque je consomme seule et qu'il serait totalement insolite de gober mes cachets en collectivité.

L'animatrice du groupe nous soumet à un exercice. Que ferez-vous si on vous propose de boire, par exemple ? Elle décide de nous mettre en situation et choisit Jérôme comme cobaye.

— Alors Jérôme, vous êtes à une fête, l'anniversaire d'un ami, et on vous propose de boire.

— Bah je dis non.

— Et si je vous dis : « Allez juste un petit verre, c'est la fête aujourd'hui ! »

Jérôme commence à avoir des bouffées belliqueuses face à cette insistance.

— Allez Jérôme – elle simule bien –, juste un verre !

L'amoureux de la rixe s'enflamme.

— Tu vas pas me faire chier longtemps oui ! J'en veux pas de ton putain de verre, alors tu me fous la paix !

La psychologue est servie... Et nous nous gondolons de concert.

# 12

On dit que le bleu est une couleur aux vertus apaisantes, mais ce n'est pas la raison pour laquelle je m'empresse d'accueillir les nouveaux pyjamas azur. Douze jours se sont écoulés depuis mon arrivée, et j'ai désormais le sentiment d'être une habituée de la maison, avec le devoir de veiller à la bonne intégration des novices, généralement désorientés par ce nouvel univers, et surtout par l'abandon du jour au lendemain de leur bouée chimique de survie. Je m'assois donc aux côtés de Timothée dans le réfectoire à la déco brejnévienne.

— Comment ça va ? Pas trop dur d'arriver ici ?

— Écoute, je pensais que ce serait pire. Jérôme m'a présenté tout le monde. Il m'a déjà donné un surnom : le Puceau. Et Patrick, c'est Papi, s'esclaffe-t-il. Je le prends pas mal, c'est pas méchant. En plus, je ne suis pas le plus jeune, quand je t'ai vue, je me suis dit chouette, une fille de mon âge !

— Alors écoute, soit la dope, ça conserve, soit ça altère les facultés visuelles, parce que je te mange plus de dix ans.

— Non ?

— Et si, et puis moi, on peut pas m'appeler la Pucelle, j'ai deux filles.

— J'aurais jamais dit.

— Alors, comme ça, c'est le cannabis qui t'amène ici ?

— Oui, je suis en train d'échouer dans mes études de droit et mon père a absolument tenu à ce que je fasse une cure.

Les cures pour faire plaisir n'augurent rien de bon. On connaît leur avenir.

— T'es pas très motivé ?

— Si, mais déjà je me sens pas à ma place. Comme à la fac. Comme partout, d'ailleurs. Ici, vous êtes tous avec des substances lourdes et moi, je suis avec mon petit pétard, je veux être un petit avocat. J'ai un peu honte, j'ai pas l'impression d'avoir de vrais problèmes comme vous.

Le jeunot me considère comme un cas lourd... Il y a un zeste de tragédie dans ma vie, certes. Mais le reste n'est que délice. Je navigue sur les eaux troubles de la peur et du vide mais j'accoste toujours à des îlots d'idéaux.

— Ne dis pas ça. D'où qu'elle naisse, l'addiction

est une maladie. Peu importe la substance, il suffit d'en être esclave. Ici, on reçoit même pour les addictions au jeu ou les addictions affectives. (Entendre les déglingués du sexe.) Depuis quand tu as développé ton addiction ?

— Quand j'étais ado, je fumais juste un peu, mais c'est la fac qui m'a détruit. Avant, je me disais que ça existait pas, l'angoisse de la page blanche. Mais en droit, j'ai découvert ce que c'était. À cause du stress, je perds totalement mes moyens. Alors que je connais tout par cœur ! Une fois, une examinatrice a badé, elle m'a dit : « Je n'ai jamais vu quelqu'un comme vous. » Mais elle m'a donné 12/20. C'était gentil.

Le problème de notre système scolaire est qu'il ne nécessite pas uniquement des aptitudes académiques, mais aussi l'aptitude même à passer un examen. On nous assène des verdicts au lieu de nous former en douceur.

— Et justement, avec le cannabis, tu ne peux pas prendre un peu de recul et réviser sans angoisse ?

— Non, je fume parce que ça me stresse trop, pour m'évader, après je ne suis plus en état de réviser. J'ai redoublé quatre fois déjà. Mais au moins, c'est sûr, les dés en sont jetés, j'ai loupé ma vie. Ça va mieux depuis que j'ai redoublé quatre fois. Je sais que c'est mort.

Apparemment, ça n'a pas que du mauvais, d'aller jusqu'au bout de l'échec. Si Timothée considère avoir touché le fond, j'espère pour ma part que le sol sous ses pieds ne continuera pas de se fissurer.

— Bon, je vais pas trop me plaindre, j'ai vu Damien : ça doit être dur de vivre comme lui. C'est le seul où je me suis dit, j'ai quand même de la chance, ma vie elle est bien. Il est toujours en train de trifouiller un truc dans la main, il a l'air tellement mal, comme s'il était passé de l'autre côté de la barrière.

— Il est censé être en psychiatrie mais il ne veut pas y aller.

On ignore où s'arrête l'addiction et où commence vraiment la pathologie psychiatrique. J'imaginais d'ailleurs que mes camarades d'infortune seraient davantage des spécimens du *Vol au-dessus d'un nid de coucou*. À moins que je ne sois moi-même un coucou parmi d'autres coucous et que je ne m'en aperçoive pas.

En rejoignant ma chambre, j'entends la voix diminuée de Patrick qui m'appelle depuis la sienne, dont la porte est ouverte. Je passe une tête et je constate qu'il est allongé torse nu sous la couverture que je lui ai donnée, les bras figés de chaque côté du corps.

— Désolé de t'avoir appelée mais je peux pas me lever.

— Aucun problème. Qu'est-ce qu'il t'arrive ?

— J'ai des fourmis dans les bras, ils suspectent un AVC. J'en ai déjà fait un, alors ça les a alertés.

— Oh je suis désolée, j'espère que ça va aller. T'as besoin de quelque chose ?

— Oui, je veux bien un verre d'eau, je n'ose pas appeler les infirmières. Et aussi tu peux dire à Alexandre que je suis là, je voudrais lui emprunter un livre.

Un autre pyjama bleu se fait vite connaître au point cigarette. Enfin un nouveau de mon parti ! La codéine. Benoît, trentaine célibataire, a l'apparence d'un individu inséré dans la société, du genre travaillant à Paris et habitant en deuxième couronne. Les traits sont fins et élégamment dessinés, ils rappellent les rares personnages masculins des peintures pré-raphaélites. Sous une chevelure soignée, un front haut, qu'on associe généralement à l'intelligence, et un regard pensif viennent compléter cette impression générale de jeune homme bien sous tous rapports. Il semble déjà à son aise ici. L'aspect juvénile est à peine corrigé par une barbe mince et l'expression lointaine et concentrée de celui qui tente de discerner où le mèneront ses pérégrinations futures. Il est consultant web à son compte mais c'est en exerçant sa passion qu'il est arrivé à l'addiction. Suite à un accident de moto, il s'est vu prescrire des antidouleurs codéinés. Leur effet s'amoindrissant, il a dû accroître les doses. Un vrai produit toxique, petit à petit, modifie la tolérance, et les quantités ont besoin d'être augmentées pour qu'on en ressente les effets hédonistiques. La douleur disparaissant, Benoît avait goûté le fruit du péché. C'était trop tard, il était dépendant. Comme presque tous les autres, il se confie volontiers.

— Après mon accident de moto, la codéine a soulagé mes douleurs pendant deux ans, mais après c'était pour l'effet. Je m'étais broyé le fémur. Si tu mets ta main là – donne ta main –, j'ai encore les vis qui fixent une barre en métal à l'intérieur du fémur.

Me voilà en train de tâter de la cuisse bionique. Je m'aperçois ensuite que l'expertise pharmacologique de Benoît est autrement plus aboutie que la mienne. Il m'interroge sur le nombre de milligrammes codéinés que je consomme.

— Je sais pas. Je prends une boîte de Prontalgine par jour.

— T'es folle, tu consommes trop de paracétamol. Faut prendre du Néo-Codion. C'est quasiment que de la codéine.

— Oui, on m'a déjà expliqué ici que j'avais agi comme une novice. Comment t'as su, toi ?

— C'est mon pharmacien qui me l'a indiqué quand je lui ai demandé de la codéine.

Le pharmacien qui prescrit l'emporte de loin sur le dealer, qui se contente d'approvisionner sans mode d'emploi.

— Du coup, tu consommes à peu près quatre cents milligrammes par jour. Comme moi. J'imagine que tu connais le malaise à la pharmacie ?

— Oui, j'ai un peu honte d'aller me fournir chez un dealer institutionnalisé. À force, mon mec a appelé ça la boulangerie pour moi.

— Moi, j'alterne entre les deux pharmacies à côté de chez moi et celle à côté du bureau. Et puis évidemment, je fréquente le drugstore les dimanches soir.

— Étrange qu'on ne se soit jamais croisés !

— Juste avant d'arriver, je suis allé à la pharmacie du coin, j'ai pris une boîte de Néo-Codion donc là, je suis bien. Mais je suis surmotivé. Je vais faire trois semaines et ça sera gagné. En attendant, je redoute vraiment les effets du manque. Une fois, j'étais parti à Vegas et j'avais mal dosé, j'avais plus de produit les quatre derniers jours, j'étais dans ma chambre d'hôtel plié en deux, je transpirais, j'avais des crampes partout, l'horreur. J'avais dit à ma copine, qui pensait que j'avais arrêté, que j'avais une gastro.

— À propos de gastro, c'est l'heure du déjeuner, tu vas voir, ça peut donner des haut-le-cœur.

Nous nous asseyons à côté de Nadia et Dominique. Cette dernière examine le poisson du jour, baignant dans un jus saumâtre, comme lorsqu'on oublie un surgelé à température ambiante. Son expression cocasse de dégoût est immortalisée par Nadia, qui préfère en rire qu'en pleurer. En fin de repas, je déballe la collection de fromages que Diane et moi-même mettons à disposition des autres pensionnaires. Mais alors que Benoît prend, à mon invitation, le dernier bout de camembert, Diane lui tombe dessus.

— Vous faites chier, vous avez tout mangé, vous auriez pu demander si j'en voulais !

Les présentations entre Benoît et Diane sont ainsi faites. Le nouveau tente une médiation.

— Désolé, je ne savais pas.

— T'aurais pu demander !

L'agressivité de l'aristocrate azimutée pique au vif le nouvel entrant, qui perd son sang-froid.

— Tu ne me parles pas sur ce ton, tu te prends pour qui ?! T'avise pas de me faire chier !

Il se lève et quitte la table, furieux. Diane le regarde s'éloigner sans ciller. Elle n'est pas troublée. Il y a de l'aplomb dans ses coups de sang. Tant que je ne suis pas l'objet de son courroux, j'aimerais la voir piquer une colère sous cocaïne ! À moins justement que la cocaïne ne dissolve la colère pour elle, comme le fait le cannabis pour moi. La colère est un carcan, une impasse dans le réel. Et le premier à en être convaincu est Benoît. Après une cigarette, solitaire calumet de la paix, il revient, la démarche assouplie, et pose un baiser au goût de tabac froid et d'amitié spontanée sur la joue de Diane. Une tendresse enfantine empreinte pourtant de profonde sagesse. Un drapeau blanc agité par le cœur. Benoît s'inscrit d'emblée dans la fraternité qui caractérise nos relations à l'Albatros. Diane sourit.

* * *

Cette après-midi, étonnamment, le cours de relaxation est annulé. Par chance, nous n'avons pas développé d'addiction pour ces séances. On serait irrémédiablement en manque. Mon indignation face à ces abandons du personnel soignant me mène à organiser une session de yoga *ad hoc* pour les partants, dans notre piteuse salle d'exercice. Cette séculaire pratique indienne propose une voie de libération à la fois corporelle et spirituelle pour sortir de la souffrance. L'esprit est réquisitionné. La concentration requise pour adopter une posture défiant la gravité, et portant souvent le nom d'un animal (chien tête en haut ou tête en bas, corbeau, cobra, chat ou dauphin, entre autres), oblige le mental à sortir de ses douloureuses ornières pour s'ancrer dans un présent stimulant. Le poids des maux et des os est allégé.

Ces exercices importés d'Inde, arrangés à la sauce occidentale, connaissent un engouement massif. On dénombre plus d'un million d'adeptes du yoga en France. C'est la grande tendance pour soigner le mal de vivre. Entre midi et deux, ou aux heures de fermeture des bureaux, des salariés anémiés saluent le soleil et chantent des mantras en sanskrit. Un Indien pur sang serait sans doute amusé de voir des Occidentaux pratiquer sa tradition à la sauce béarnaise. Mais pour certains, le yoga est devenu une drogue. Le yogi franchouillard peut avoir besoin de la consommer chaque jour et se sentir mal quand il s'abstient.

Jean-Luc, notre postier rock'n'roll, et Katy, l'énergique juive, sont de la partie. Pratiquant tous deux la drogue en injection, ils ont divorcé de leur corps.

Le manque leur crée de terribles douleurs dorsales. Je leur demande tout d'abord de s'étirer en levant les bras le plus haut possible. On dirait deux délinquants saisis en flagrant délit par une police qui éructerait « haut les mains ! ». Je leur propose ensuite de se baisser pour toucher le sol en mettant le poids sur l'avant des pieds pour relâcher les lombaires. Jusque-là, j'ignorais qu'on pouvait perdre l'équilibre dans cet exercice de la pince debout. À les voir, je renommerai cette figure : le centenaire ramassant un objet. Leurs mains peinent à atteindre le sol. L'un comme l'autre a l'air bâti dans un seul bloc. C'est tout juste s'ils touchent leurs genoux, comme deux poupées mécaniques qu'on aurait oublié de remonter. Leurs grognements indiquent toutefois que le mouvement leur fait du bien. Pour étirer leur dos, je n'ai peur de rien et je leur propose de faire un chien tête en bas. Avec les pieds et les jambes au sol, écartés d'à peu près un mètre, le corps doit former un V inversé. Quand je les vois faire, j'ai l'image d'un australopithèque effrayé à l'idée de marcher sur ses deux pattes arrière. Je révise mes attentes à la baisse et indique la position du chat. À quatre pattes, on creuse le dos et puis on l'arrondit. Jean-Luc et Katy s'exécutent et m'offrent un chat infirme et cacochyme. Leur corps de junkie est comme un meuble Ikea qui aurait été mal monté. Il faudrait retirer toutes les vis et les mettre au bon endroit. Mais tous deux sont enthousiastes et leurs tentatives yogiques soulagent quelque peu leurs maux.

# 13

Ce vendredi, je pars en permission pour deux nuits. Certes, mes filles me manquent, tout comme François. Pourtant, si j'avais eu le choix, entre livrée à moi-même à l'Albatros et seule au monde avec ceux que j'aime mais qui ne comprennent pas dans leur chair mon démon intérieur, à la différence de mes collègues addicts, j'aurais préféré rester dans le divertissement rassurant du monde des dépendants. Je retourne dans un foyer plein d'amour mais qui ne conçoit pas que ma volonté, réputée tenace, ne m'ait pas déjà tirée d'affaire. L'heure est venue de me mesurer à moi-même et de partir à la conquête d'une stabilité émotionnelle, mirage surréaliste en cette fragile période de transition. C'est donc sur les vibrations méditatives du « Oom » que je tente de m'armer de courage et de prendre la direction du foyer paternel. Fort heureusement, l'endroit vers lequel je me dirige est un havre de paix. Mon père habite une maison dans la forêt, un écrin de verdure. Le voisinage des arbres promet des heures douces et un silence enveloppant. Peut-être y retrouverai-je un peu de force. Les filles n'arriveront que le lendemain matin.

Cette demeure a une histoire. Pour annoncer à mon père que mon premier enfant se déployait dans mes entrailles meurtries, j'avais confectionné un paquet cadeau autour de mon test de grossesse, bien emballé pour Noël. Nous étions en 2008. Circonspect, il crut tout d'abord que c'était un stylo, et me remercia chaleureusement. Je lui soufflai de mieux regarder. Perplexe, il songea alors à un thermomètre, affectant un léger enthousiasme. Il ne voulait pas me froisser. Papa ne dénigre absolument rien de ce qui vient de nous et, ainsi que l'illustre cette anecdote, il prend tout ce qu'on lui donne comme un cadeau. « Dans chaque enfant, il y a un artiste. Le problème est de savoir comment rester un artiste en grandissant », disait Picasso. Papa n'a pas rencontré d'obstacle, si ce n'est celui du besoin financier dont il voulait nous éviter les écueils et qui lui a fait renoncer à une carrière musicale. Tout en étant le *Deus ex machina* de notre communauté familiale, il reste un gamin pour le plus grand bonheur de tous. Il fallut finalement lui expliquer que ce bâtonnet était un test de grossesse et qu'il était positif. Notre famille n'a jamais été douée pour les embrassades, mais il y eut ce soir-là quelques baisers pudiques et de discrètes larmes de joie. Ne perdant pas le nord, j'annonçai alors à Papa qu'il allait devoir quitter son appartement parisien pour faire l'acquisition d'une demeure propice à sa nouvelle carrière de grand-père. Projet auquel il acquiesça d'emblée.

Difficile d'écrire sur mon père sans rédiger une ode. Il est plus simple de mentionner son seul défaut que d'établir une liste de ses qualités. Disons qu'il est peu psychologue, et qu'il préfère répondre au désespoir par l'humour. Lorsque, écorchée par les disputes avec ma mère dans ma prime jeunesse, je lui annonçai ma velléité de me jeter de notre fenêtre du trentième étage, il me rétorqua, facétieux, que j'allais endommager les bégonias. Je pourrais lui décerner le Nobel de la paternité, la Palme d'or de l'amour filial. D'autres m'auraient peut-être donné une meilleure éducation, ou de meilleurs outils pour affronter la vie. Son obsession à lui a été de me la faciliter. Lui qui a connu la pauvreté a emprunté la fusée sociale pour que ses filles ne manquent jamais de rien. Je n'ai pas souvenir qu'il m'ait une fois opposé un non. Mais sa dévotion va bien au-delà de l'aspect financier. Son affection est absolue. Il ignore le jugement et la critique à notre égard. Son érudition est telle que, dans mon répertoire téléphonique, il est inscrit sous le nom « SOS culture ». Plus précis et rapide que Google. Nous partageons l'amour de Borges et de Shakespeare, sur lesquels nous dissertons souvent.

Hanabi et Haydée sont encore en vacances chez leurs grands-parents paternels, mais nous devons aller les chercher demain matin à la gare. Nous dînons donc tous les trois, Papa, François et moi, à l'orée du bois. Je refuse la coupe de champagne offerte par le maître des lieux, soucieuse de ne pas enfreindre le règlement et d'éviter le retour au pyjama bleu, et plutôt fière d'offrir à mon corps le plus long répit qu'il ait connu en huit ans (excepté mes deux grossesses). Mon père et mon conjoint sont surpris du bon déroulement de la cure, que je dois aux excellentes relations nouées avec les autres patients. Je leur raconte la proximité avec Diane, les sorties de Patrick ou les saillies de Katy. Autre sujet de discussion à l'ordre du jour : notre prochain départ familial. Au début de l'année, une drôle d'idée a germé dans mon esprit : partir dans un endroit où rien ni personne ne nous attend. Un exil pour retrouver l'essentiel, se débarrasser du superflu de nos vies parisiennes et vivre une aventure juste tous les quatre. Professionnellement, nous n'avons pas grand-chose à perdre. Journalistes-réalisateurs intermittents, nous nous voyons confier des documentaires pour des périodes de trois à six mois. Si nous décidons de rentrer durant l'année-test que nous nous sommes fixée, nous pourrons réactiver nos réseaux et retrouver du travail. La location de notre appartement parisien nous assurera des revenus suffisants pour quelques mois.

Grâce à mes origines argentines, ma petite famille maîtrise la langue de Cervantes. Nous avons donc décidé de nous envoler pour l'Amérique du Sud dans deux mois. Notre choix s'est porté sur l'Uruguay. Un tout petit pays que l'on pourrait considérer comme le contraire de la France. Nous pourrons ainsi savoir si l'on vit mieux dans un pays ensoleillé, en pleine croissance, et dont le président est populaire. José Mujica est un héros national. Ancien guérillero combattant la dictature, il a passé quatorze années en prison, dont deux au fond d'un puits à parler aux fourmis pour conjurer la folie. Il est considéré comme le président le plus pauvre du monde, vit dans une petite bicoque au toit de taule dans la banlieue de Montevideo, et reverse soixante-quinze pour cent de son salaire à des œuvres caritatives. Il conduit une vieille Coccinelle bleue et ne se sépare jamais de sa chienne à trois pattes. Il a engagé une réforme révolutionnaire dont nous sommes curieux de connaître les effets. Le cannabis va être nationalisé. L'État va devenir le dealer officiel, il prélèvera des taxes sur les ventes pour soigner les dépendants et investir dans l'éducation.

La majorité des patients partent en post-cure après le sevrage opéré à l'Albatros. Pendant plusieurs mois, ils consolident leur rémission dans des centres à la campagne. Ma post-cure sera l'Uruguay, où je ne trouverai pas mon toxique cocktail dans les pharmacies nationales.

* * *

Cette nuit, Morphée continue de me bouder. Dans la salle de bains, j'ai retrouvé certains des comprimés objets de mon affection. Ma résolution tient ferme, mais je me sens vaciller. Je suis livrée à moi-même dans le silence de la forêt, et l'écrin qu'est cette maison peine à m'envelopper. Je songe aux origines de mon addiction, cette terrible nuit de septembre revient me hanter. Pour la première fois, je souhaite écrire sur ce qu'il s'est passé. Continuer de consommer, c'est un pansement que je replace toujours sur la même blessure. Continuer de consommer, c'est perpétuer les noces funestes qui m'ont engloutie il y a huit ans.

À vingt-sept ans, j'ai trouvé l'homme qui partagera le reste de mes jours : mon violeur. Une nuit d'automne, il s'est uni à moi dans un parking. Seule la mort nous séparera désormais. Ma mort, pas la sienne. J'ai plusieurs fois tenté de quitter la vie, pour le quitter lui. Il a forcé mes entrailles, y a déposé son fiel. La haine salvatrice, l'agressivité rédemptrice, je ne les ai pas connues. La vraie peur obère l'agressivité. Je suis prisonnière d'un homme, séquestrée dans un parking. Et il m'est impossible de le détester, je le fais taire en moi dans une cascade de sédatifs. C'est ainsi que naquit l'addiction. Lui a pris vingt ans, moi, j'ai pris perpét'.

Six mois avant le viol, une ombre s'était dessinée dans ma boîte aux lettres. Pas l'ombre de Trémeau – c'est son nom. L'ombre d'un autre violeur dans ma vie.

J'habitais seule dans un petit appartement coloré et lumineux à Paris. Sans gardien. On était au mois de mai et je trouvai une première petite enveloppe contenant un bas et un mot sur un Post-it jaune : *Tu dois avoir de jolis pieds. 36* ? Il tombait juste...

Une semaine plus tard, un second Post-it : *Merci.* Enfin, le dernier mot est accompagné d'un préservatif. Un pervers rôdait, mais ce n'était pas celui qui me dévasterait. À l'époque, Trémeau était encore en prison, pour la troisième fois, purgeant une peine pour viol (de huit femmes) et tentative de viol (sur cinq femmes) sous la menace d'un couteau quelques années auparavant[5].

Je décidai, face à cette menace, de m'armer d'une précaution illusoire. Avant de descendre ma voiture dans les entrailles du parking, je passais un coup de téléphone à mon père s'il n'était pas trop tard. Si dans les cinq minutes qui suivaient mon appel, je n'avais pas donné signe de vie, injonction de s'inquiéter. Je ne m'embarrassais pas de détours avec mes amies non plus, qui étaient souvent elles aussi les destinataires de ces appels nocturnes. « Si je ne t'ai pas

5. Il avait déjà été condamné en 1984 à dix-huit mois de prison, dont dix avec sursis pour attentat à la pudeur. Puis, en 1987, à sept ans de réclusion criminelle pour viol sous la menace d'une arme. (NdE)

rappelée dans cinq minutes, c'est que je suis en train de me faire violer au quatrième sous-sol. » Macabre prophétie. J'imaginais le pire comme pour conjurer le sort. Son ironie m'a rattrapée. Le corbeau ne s'est jamais manifesté. J'ai relâché la surveillance. Et le 17 septembre 2005, quatre mois après l'oiseau de mauvais augure, je n'utilisais plus ce subterfuge. La nuit de la souillure, je n'ai appelé personne pour veiller sur moi. C'est lorsque j'ai baissé la garde que j'ai été violée, au quatrième sous-sol. Sous terre, là où reposent les morts.

Je sortais d'une soirée hilarante, légère, entre complices de longue date dans un établissement parisien qui s'offre le luxe de choisir ses clients. Mon ami Julien, qui mériterait sa place au Panthéon des comiques, m'avait fait rire aux éclats et avait tenu à m'inviter. Affection généreuse et désintéressée. Je salue mes comparses dans la rue, chacun récupère sa voiture et se dirige vers son chez-soi. Je suis la seule à rentrer non accompagnée.

Le chemin du retour se fait dans l'euphorie persistante de la soirée. Je suis dans ma Smart comme dans une petite bulle de bonheur. Arrivée devant mon immeuble, le cérémonial s'effectue automatiquement. Je me place à l'entrée du parking, actionne le système d'ouverture, et m'engouffre dans le souterrain. La porte se ferme derrière moi.

La rampe de l'escalier est étroite, ma Smart l'a apprivoisée depuis plusieurs mois. Premier étage, coup d'œil furtif : on ne sait jamais, quelqu'un de louche pourrait traîner... Je fais de même aux second et troisième sous-sols. Je balaye les étages du regard. Je gare ma voiture au dernier sous-sol, là où les ondes téléphoniques ne passent plus, et me livre à une inspection placide, sans grande conviction : il n'est pas très grand, ce parking. Je n'aperçois personne. Il était pourtant tapi là, en train de voler dans les voitures.

Je sors et me dirige vers l'ascenseur, qui se trouve derrière deux portes. La pièce carrée est exiguë. Sur ma gauche et derrière moi, un mur, en face, l'ascenseur, à ma droite, la porte par laquelle je suis entrée dans cette boîte de béton. En attendant de remonter du souterrain, je pianote sur mon téléphone, mes zygomatiques fonctionnent encore à plein régime et je rédige un mot pour remercier Julien. Un bruit furtif éclate la bulle d'euphorie sans préavis et me replace dans la situation d'une jeune femme attendant un ascenseur dans un parking à 3 heures du matin passées. Malgré le rythme cardiaque qui s'accélère, je me dis, en une fraction de seconde, que ce n'est rien, ça arrive, un de mes rares voisins doit être en train de rentrer quelques secondes après moi, et il va me rejoindre devant l'ascenseur. C'est déjà arrivé. Je sursaute et m'imagine déjà en train de dire au nouvel arrivant, souriante : « Ah vous m'avez fait peur ! » J'entends donc derrière cette porte à trente centimètres de moi des pas précipités qui cognent le béton...

La porte s'ouvre violemment. Un homme trapu se jette sur moi. Pendant le court moment de la chute, une autre hypothèse me traverse l'esprit : c'est peut-être un ami qui me fait une blague de mauvais goût.

Sous le choc, le temps devient élastique. Je revois la silhouette se découper au ralenti. Non, ce n'est pas un ami tentant une nouvelle farce. Je suis déjà à terre et j'entends :

— Baisse ton pantalon, baisse ton pantalon !

Levez les mains, ceci est un braquage. Baisse ton pantalon, ceci est un viol. J'ai brutalement été projetée sur le ciment. Je ne peux pas me débattre. Il est à califourchon sur moi et ses mains puissantes m'obstruent les voies respiratoires. Sa main est large. Elle recouvre à la fois ma bouche et mes narines. Je remue, ou plutôt je tente de remuer, mais j'étouffe. Il me tient fermement sous son corps. J'ignore combien de temps ça dure. Privée d'oxygène, je me sens partir. Je vais mourir étranglée dans un parking à six pieds sous terre. Ma conscience a fui. Elle est rattrapée par la sensation d'un liquide chaud qui me coule entre les jambes. Qu'est-ce que c'est ? Je suis déroutée. Il me faut un temps certain pour comprendre. Je suis en train d'uriner, et je ne peux m'arrêter. Les mains de la Bête continuent d'empêcher l'air d'accéder à mes poumons. Il les retire quand il me voit calmée. Sidérée. Je ne suis pas calmée, je suis presque morte, étouffée. Il m'ordonne de me lever, de ramasser mon sac et mes affaires, toutes mes affaires. Il pense à tout.

— Ne me regarde pas.

Il m'agrippe le bras pour m'emmener, mais je veux trouver un moyen d'échapper au viol. On se débat toujours devant l'ascenseur, dans trois mètres carrés. J'essaye de me défaire de son étreinte, je suis un moucheron pris dans une toile d'araignée. Je lui dis que j'habite au-dessus, que j'ai de l'argent, que je peux lui en donner beaucoup. Il ne veut pas entendre. Non : il n'entend pas. Ça ne fait pas partie de son plan d'entendre ce genre de choses. Avant de m'enlever mes vêtements, il m'enlève la parole.

Il m'attrape et me place devant lui pour que je ne le voie pas, sa main sur ma bouche pour que je ne crie pas. Il m'emmène, déterminé, mais où ? Il connaît mieux que moi ce parking, peut-être me connaît-il moi, peut-être m'avait-il repérée comme une proie ? Il se dirige vers une autre porte dont j'ignorais l'existence.

Sur les quelques mètres qui séparaient le local de l'ascenseur du lieu du crime, l'escalier de secours, trois pensées resteront toujours gravées dans la blessure de ma mémoire. La toute première réflexion que j'ai pu me formuler, ayant repris le cours de ma respiration et n'étant plus dans la sidération absolue : « Les choses pourraient être pires, ça pourrait être Tatiana à ma place. » Tatiana est ma sœur.

« Flora, je croyais que tu avais une bonne étoile. Elle n'a jamais fait grève. Elle ne peut pas te laisser tomber maintenant, elle ne va pas laisser cet homme souiller ton corps. » J'invoque ma bonne étoile, mais elle est absente ce soir. Je suis fermement tenue dans un souterrain par un homme menaçant qui m'emmène manifestement dans notre chambre nuptiale : une sombre cage d'escalier.

Ai-je besoin de dire que je suis paniquée ? Je m'adresse pourtant une injonction : « Flora, ne perds pas ton sang-froid, analyse la situation, essaie de voir comment tu peux t'en sortir… vivante. » Parce qu'à ce moment-là, l'engrenage du crime est en route, il ne me reste plus que l'éventuelle possibilité d'atténuer l'horreur de ce qui va se passer. Je n'ai pas tant peur du viol que de mourir ; j'ai peur qu'il me tue et qu'on ne découvre pas mon cadavre avant plusieurs jours.

— Ne me regarde pas, aboie-t-il à nouveau.

Une autre porte donne accès à l'exigu escalier de secours plongé dans le noir. Le monstre a enfin trouvé le temple de nos amours lubriques. Parce qu'il ne veut pas forniquer, tirer son coup vite fait, par-derrière pour plus de commodités. Pourtant, à ce stade de panique et de conscience, je m'attends à ce genre de viol. « Tu baisses ton pantalon », on s'imagine la suite, le violeur a une faim irrépressible de sexe, une pulsion qui doit être assouvie au plus vite sans y mettre les formes. Même pas la peine de se déshabiller, tu baisses ton pantalon, je te prends par-derrière, brutalement, rapidement, j'abandonne mon sperme en toi. Vite fait, bien fait. C'est comme ça que je les imaginais, les viols.

Je dois bien constater que ma bonne étoile n'est pas seulement en grève. Elle est morte. Parce que les étoiles meurent aussi. Même les bonnes...

— Enlève ton tee-shirt... ton corset aussi.

— Le soutien-gorge ?

— Oui. Allez ! Je veux juste te caresser les seins et te laisser partir, laisse-moi juste caresser tes seins. Je suis pas un violeur.

Quelle définition ce bougre donne-t-il au viol... ? Je comprends très vite qu'il ne veut pas tirer animalement son coup. Lui veut une scène d'amour imposée, répétée mille fois dans sa tête. Je n'imaginais pas qu'un viol nécessitait la totale nudité de la victime. Je pensais que l'accès rapide à une béance génitale satisfaisait les violeurs. Celui-ci me demande juste de lui dévoiler ma poitrine. Je suis déroutée, mais peut-être échapperai-je au pire si j'en crois ses paroles.

Il s'extasie sur mes beaux seins, il pose sa main d'ogre crasseux dessus et malaxe, malaxe. C'est maladroit. Et il me demande : « Ça te plaît ? » Le monstre veut que je prenne du plaisir. « Dis-le que ça te plaît, dis-le que ça te plaît ! » La voix est devenue menaçante. Je tiens bon, puisqu'il a promis de me libérer après l'offrande de mes mamelles. Alors je dis : « Oui j'aime » en hoquetant de panique. Je ne pleure pas.

— Je peux y aller ? Je t'ai laissé me caresser, c'est ce que tu voulais, c'était le deal tu m'as dit.

— Non, adosse-toi contre ce mur, et baisse ta culotte.

— Mais tu m'avais dit...

— Fais ce que je te dis si tu veux pas que je te fasse de mal ! Fais-le ou je t'éclate !

Je suis à sa merci, il m'a menti et là il va faire ce qu'il veut de moi, peut-être me tuer, comme cela arrive souvent dans ce genre d'affaires.

Il me demande d'attraper son sexe et de le masturber. Il aime, il m'appelle « mon amour ». Mais ses petits plaisirs ne s'arrêtent pas là. Sa victime elle aussi doit jouir. Deux doigts maladroitement enfoncés dans mon vagin. Je n'ai pas mal, ce n'est pas moi de toute façon, j'ai abandonné mon corps depuis longtemps. Ce qu'il veut, c'est qu'on s'accouple comme des amants.

De cette position adossée au mur, il me fait glisser latéralement. Je me retrouve assise sur une des premières marches de l'escalier de secours. La hauteur parfaite pour que ma bouche se retrouve au même niveau que son mou pénis. Car maintenant, il exige une fellation, il a pris le menu complet des préliminaires. Il va me pénétrer ? Il va peut-être me transmettre le sida ? Peut-être va-t-il me tuer s'il n'arrive pas à assouvir ses désirs d'impuissant ou pour que je ne le dénonce pas ?

Je m'étais toujours dit que si un jour un violeur osait introduire son vit dans ma cavité buccale, trente-deux dents réduiraient son phallus en lambeaux. Car comme toutes les femmes, j'avais déjà pensé à ce que je ferais si je me faisais violer. Mais la panique a refoulé dans les confins de l'inconscient cette promesse que je m'étais faite.

Il aime, il gémit, me demande de m'arrêter.

— C'est trop bon. Non, encore un petit peu. Non, juste ça, lève-toi, viens par ici.

On retourne dans le sas précédant l'escalier de secours, car il est légèrement illuminé et l'ogre veut aussi profiter de la vue. J'entrevois son visage dans la légère pénombre.

— Je veux partir, tu voulais juste me caresser, c'est fini maintenant, je t'en supplie, laisse-moi partir.

La peur, la peur, la peur. Je résiste tant que je peux. J'alterne entre des phases de terreur étourdissante et des plages où ma conscience m'enjoint de rester calme, de guetter un improbable voisin noctambule.

— Écoute, je t'ai dit que je ne te ferai pas de mal, mais si tu continues, je vais te défoncer ton petit cul pour que tu t'en souviennes.

On cède forcément à un tel chantage. Allons donc dans ce romantique couloir bétonné, les néons de la sortie de secours seront les bougies qui éclairent notre hymen.

— Tu es belle, tu es magnifique, je veux te revoir.

— Tu promets que tu ne me feras pas de mal ?

Je psalmodie cette question avec des sanglots tremblés dans la gorge.

— Oui, fais ce que je te dis, tourne-moi le dos,

baisse-toi, mets tes mains sur le mur et écarte les jambes.

Et voilà un violeur qui offre un cunnilingus à sa proie ! Il en raffole. Il croit que je suis « toute mouillée », mais ce n'est que l'urine qui s'est évadée sous le coup de la panique lorsqu'il m'est tombé dessus.

— Tu as tes règles ?

J'essaye de calculer une réponse stratégique, peut-être les menstruations le dégoûteront-elles.

— Euh... oui.

— Pourquoi tu ne me l'as pas dit ? (Sur une voix de doux amant engageant.) J'ai envie de te prendre.

— Mais non, tu m'avais dit que tu voulais juste me caresser !!

— J'ai pas de maladie. Et si tu veux pas, je t'éclate !

— Tu avais dit que tu ne me ferais pas de mal, que tu me laisserais partir.

— J'ai des préservatifs. Viens t'asseoir sur moi, je ne te ferai pas de mal. Après je te laisse partir.

Il s'assied sur le sol, dos au mur, confortablement pour me recevoir. Ouvre de nouveau sa braguette.

— Tu m'as dit que tu avais des préservatifs.

Il a du mal à répondre, il est dans une sorte de transe. Il sent l'alcool.

— Là. Là, dans la poche de ma veste.

Je sors un préservatif rose. Je décide de poser la protection sur son sexe. Car il est tellement dans un état second qu'il risque de bien plus mal s'y prendre que moi. Je dois me concentrer, trouver le bon sens, bien le fixer, c'est la seule chose qui me protège vraiment de lui. Mission accomplie, je m'épate, *a posteriori*, d'avoir pu retrouver un tant soit peu de sang-froid durant ce moment déterminant.

— Viens sur moi, enfonce-toi, et bouge.

Je n'en peux plus, ça fait des années que je suis dans ce souterrain, je craque :

— Promets-moi que tu ne me feras pas de mal.

— Non. C'est bon, tu aimes aussi ? Dis que tu aimes.

— Promets-moi de ne pas me faire de mal, si tu ne me fais pas de mal, je ne te dénoncerai pas à la police, c'est promis.

— C'est bon, je veux te revoir, comment tu t'appelles ?

Je pense à plusieurs noms, celui de ma sœur, je ne sais pas pourquoi, et puis d'autres, mais comme j'ai peur qu'il m'ait pistée et me connaisse, je lui réponds Flora. Je recouvre un peu mes esprits et tente de saisir cette perche pour connaître son nom qui pourrait servir à le retrouver.

— Et toi ?

Je n'entends que la deuxième syllabe : « ick », et lui demande de répéter.

— Frédéric.

Il a ajouté une syllabe et ne s'est pas éloigné de la sonorité de Patrick, son vrai prénom, comme je le saurai plus tard.

Tout d'un coup, toujours dans cet état de semi-transe hideuse mais toujours le sexe cotonneux, qui me soulève le cœur tout en m'épargnant la douleur d'une pénétration violente, il me demande de m'arrêter. Il veut imposer le rythme à nos ébats scabreux.

Le jet orgasmique gluant, il se le réserve comme dernière douceur. Pour la première fois, je lui désobéis. Je vais continuer l'acte pour le mener à son terme au plus vite. Il veut faire durer le plaisir. Ma seule arme est d'y mettre un terme, puisque ça, c'est entre mes mains, désormais que je suis sur lui. Je le fais jouir pour écourter son plaisir.

— C'est fini, rhabille-toi, ramasse bien tes affaires, je t'attends en haut.

Il m'attend ? En haut ? Chez moi ? Pourrait-il vouloir m'y enfermer et ainsi passer du cauchemar à l'enfer ? Je dois fuir.

Il m'abandonne dans ce sas en béton qui aurait pu être mon cercueil. Il franchit la porte du couloir et disparaît. En haut ? Dans le parking ? Dans la rue ? Devant mon appartement, puisqu'il a l'air de me connaître ? Et s'il voulait m'y séquestrer ? Il m'annonce qu'il est encore dans les parages et je redoute que ça ne soit pas terminé, que cela s'aggrave. Il a les moyens de m'enfoncer davantage dans les ténèbres. La seule issue possible est de filer vers ma voiture et sortir de ce parking, de cet immeuble. Si je le croise, je lui roulerai dessus. Hors de question de suivre son invitation à monter. Je me rhabille en hâte et à moitié. J'enfile mon pantalon et ma veste sur mon buste dénudé. J'ouvre la porte qui donne sur le parking. Je ne le vois pas. Je file, tous les sens en éveil, animal traqué, vers ma voiture. Je verrouille de l'intérieur et remonte la rampe du parking à toute vitesse en espérant ne pas le croiser, même si je suis résolue à faire goûter mes pneus à sa trogne.

Le Code de la route en état de panique expire. J'emprunte le chemin le plus court vers le commissariat le plus proche. Sur le chemin, j'appelle mon père. Son téléphone n'est jamais éteint. On ne sait jamais, et là, on sait. Cette précaution qui pourrait sembler excessive s'est avérée cette nuit-là primordiale. À contresens, le combiné à la main, sous le choc, je lui dis :

— Papa, je me suis fait violer, je vais au commissariat avenue Mozart, retrouve-moi là-bas !

Un cri de bête blessée. Un gémissement d'outre-tombe. Elle fait ce bruit-là, la douleur brute. Comme un tonnerre qui annonce un cataclysme. Je sens que Papa va verser dans la folie, alors je deviens dure.

— Sois fort ! Je suis en train d'être forte, ne gâche pas mes efforts, retrouve-moi au commissariat de l'avenue Mozart.

— D'accord.

J'emprunte ladite avenue en marche arrière pour éviter le contresens. J'abandonne ma voiture et j'aperçois deux policiers qui descendent de leur véhicule à ce moment. Je me jette, toujours à moitié nue, dans les bras de l'un d'eux. Je l'étreins désespérément, comme mon sauveur, je crie que je viens de me faire violer. Il m'emmène au poste. Selon les situations, un poste de police peut être un temple. Plus tard, je trouverai dans le dossier de mon affaire le témoignage de cet agent. Lui-même a subi un choc de me voir ainsi. Papa me retrouve rapidement au commissariat. On s'étreint dans une crise de larmes, ce qui ne nous est jamais arrivé dans notre histoire de rapports pudiques. Je parviens, non sans insister, à réveiller mon amie Daphné qui se joint rapidement à nous pour un périple nocturne entre plusieurs commissariats, aux urgences médico-légales de l'Hôtel-Dieu puis à la deuxième division de la police judiciaire. C'est là que ma déposition sera recueillie. L'officier sent l'alcool, comme le violeur. Il me demande quatre fois si l'agresseur a éjaculé. Je suis trop abasourdie pour protester contre l'impertinence de cette question absurdement réitérée. Un autre point va faire l'objet de ses investigations poussées : la race de l'agresseur. Manifestement, l'officier éprouve quelques difficultés à me croire quand je lui indique que le violeur était blanc. « Vous êtes sûre ? C'est très rare dans ce genre d'agressions, normalement ce sont des Noirs ou des Arabes. » Je suis formelle. Notre homme est bien de type caucasien.

Quand le jour se lève, je suis encore dans les mains de la justice, et il me reste une personne importante à prévenir. L'homme qui partage ma couche et mes sentiments depuis trois mois, Vincent. Nous sommes follement amoureux, mais comment une relation si récente pourrait-elle supporter ce séisme précoce ? Musicien, il est en tournée et décide d'annuler ses prochains concerts pour revenir à mes côtés l'après-midi même. Il est suave et dévoué. Sa peau est une caresse. Nous ferons l'amour le soir même en toute évidence. Un amour qui lave mon corps de la souillure de cette nuit. Comme un baptême.

Dans la journée, mon unique sœur adorée rentre de Barcelone où elle séjourne à cette époque. « Regarde ce que je vais faire », m'annonce-t-elle. Elle m'embrasse et me prend dans ses bras. C'est la première fois dans l'histoire de nos relations aussi intenses que retenues. Quand on part loin de la sorte, son geste me donne la mesure de l'amour qu'elle me porte. Et puis c'est la tournée des amies qui accourent à mon chevet. Elles arrivent à me faire rire, même si certaines sont plus choquées que moi, qui suis encore animée par un féroce instinct de préservation. On pourrait croire qu'une grande douleur vous rapproche des autres, tout affairés à vous consoler. Elle vous isole au contraire. C'est moi qui les rassure : « Je n'ai pas eu mal, il ne m'a pas fait de mal. » J'irai même jusqu'à dire : « Il a été gentil »... Plus tard, je regretterai de ne pas avoir résisté, car j'aurais subi ses coups. Les cicatrices physiques auraient disparu. La cicatrice qu'il m'a infligée macule mon âme, elle est indélébile. Plus tard, je découvrirai que je suis la seule dépendante à connaître la date du début de son addiction : le 17 septembre 2005. Il était 6 heures du matin et j'avalais des somnifères alors que le soleil brillait déjà.

Un des officiers, sur l'indication que l'agresseur était de type caucasien, m'avait assuré qu'on mettrait rondement la main sur lui. Il ne s'y est pas mépris. Une dizaine de jours après, je suis convoquée à la deuxième division de la police judiciaire de Paris. On veut soumettre le violeur à identification. Après m'avoir demandé de réaliser un portrait-robot et montré des photos d'agresseurs sexuels notoires sur lesquelles je n'ai pas reconnu mon tortionnaire, vient ensuite la parade d'identification, le tapissage comme on dit en jargon policier. Cette procédure doit permettre à la victime de confirmer l'identité d'un suspect. Elle a été inventée en Angleterre au XIXe siècle.

Comme dans les films, le suspect est placé dans une pièce, dos au mur, face à une glace sans tain, en compagnie de plusieurs autres personnes de taille, de morphologie et d'allure semblables, appelées les distracteurs (prisonniers, acteurs ou volontaires, et aussi policiers en civil). Ces personnes sont alignées devant un mur possédant une graduation destinée à faciliter l'identification de l'individu recherché en fonction de sa taille. Je pénètre dans la salle derrière le miroir sans tain, et je suis prise de vertige. Il est là. On me propose un siège. Dans un soupir d'outre-tombe, je murmure : « Numéro cinq ». Les officiers me proposent de lui faire prononcer une phrase pour que l'identification soit plus aboutie. Je peux lui faire dire ce que je veux. Je repense à une de ses phrases, mais je ne vais pas lui faire répéter ses sorties salaces. Alors je lui fais demander, via les officiers, de prononcer : « Ramasse tes clés ». Pris au piège, il déguise inutilement sa voix qu'il lance dans des aigus déraillants. Comme un adolescent qui mue. Pathétique. Sur l'échelle de la virilité, le violeur n'atteint même pas le premier échelon. C'est bien lui. Celui qui m'a détruite.

Je suis ensuite reçue dans le bureau du commissaire. Il m'apprend que notre homme venait de sortir de prison pour avoir agressé ou violé treize femmes, et qu'auparavant il avait aussi connu les geôles de l'État pour viol sous la menace d'une arme. C'est un prédateur récidiviste. L'officier me tend un magazine télé et me montre un encart sur un documentaire. Il y a quelques années, une de ses anciennes victimes a réalisé un film sur ce paria. L'affaire a déjà été médiatique, mais elle va désormais connaître ses heures de gloire, à en croire toutes les demandes de journalistes auxquelles je ne donne pas suite. Dans le cadre de mes documentaires criminels, c'est moi qui vais vers les victimes. Aujourd'hui, je suis la victime que les journaux s'arrachent. Comme si j'étais passée de l'autre côté du miroir. D'ailleurs, quand nous irons bruncher le lendemain, je verrai les gros titres du *Journal du dimanche* : « Un violeur en série arrêté à

Paris. » Les jours suivants, la presse fait ses choux gras du viol. *Libération* parle du « violeur aux mots tendres ». Les autres titres font référence au « violeur des parkings ». J'apprends dans la presse que lors des trois mois précédents, deux autres jeunes femmes ont subi les mêmes outrages. Je ne sais pas si j'aurai envie de les connaître. L'une d'elles n'a que vingt-trois ans et j'éprouve pour elle une grande compassion, même si je n'ai que quatre ans de plus qu'elle.

Le lundi, je me fais porter pâle au bureau, une émission pour laquelle je réalise des sujets d'investigation politique ou criminelle. Je donne la vraie raison de mon absence, car je n'ai aucune honte à avoir été violée. Pour moi, il s'agit d'un accident, comme si je m'étais fait renverser par un camion. Je veux partir. Vincent et moi décidons sur un coup de tête que je l'accompagnerai lors de sa tournée à l'étranger. Il doit donner des concerts dans l'hémisphère Sud. Mauvaise idée… Ce ne seront pas les vacances que j'avais escomptées. Le rythme est infernal et nous avons à peine le temps de nous reposer. *Check-in, check-out* à l'hôtel, *check-in, check-out* aux aéroports, files d'attente et horaires noctambules. Me retrouver à ses côtés devant une foule de cinq mille personnes est violent. Je ne supporte pas cette tournée et nos relations s'en ressentent. Brisé, Vincent ne peut, outre son travail, gérer mes vertigineux états d'âme brûlée. Je voudrais rentrer mais je suis à l'autre bout de la planète. Je suis désormais incapable de monter seule dans un avion et me sens captive. Cela durera trois semaines.

De retour à Paris, nous retrouverons un semblant de calme dans nos rapports, mais comment s'aimer quand on est ainsi écorchés ? Vincent vit dans sa chair ce qui m'arrive, aux dépens de sa famille et de ses amis. Il n'existe plus que comme mon sauveur. Il s'est perdu. Six mois après le viol, il me quitte.

Je voulais revenir à une vie normale. J'avais repris le travail dès mon retour. Je devais réaliser un sujet sur les dysfonctionnements juridiques d'Outreau. Tout me ramenait au viol décidément, même si je traitais ce sujet sous un angle institutionnel et non factuel. En tout cas, personne ne s'est ému de l'objet de mes investigations, qui faisait manifestement écho à mon histoire. Même pas moi. Les délais de livraison étaient très serrés. Mais lorsque j'ai compris que Vincent partait, j'ai fui ma salle de montage pour le lit de ma sœur chez mon père, lit que je n'ai plus quitté pendant quinze jours. On m'accusa d'abandon de poste avant de prendre la mesure de l'événement. J'arrêtai de me nourrir, je recommençais à mourir. Arriva ce qui devait arriver, je fus internée dans une clinique psychiatrique, un château à Garches spécialisé dans le traitement des dépressions aiguës.

Aujourd'hui, je m'interroge. Qui de nous deux a davantage fait souffrir l'autre ? Me poser cette question, c'est cesser enfin de lui en vouloir plusieurs années plus tard. Nous avons essayé de faire comme si nous pouvions continuer notre vie. Mais nous n'avions pas réalisé que nous n'étions plus dans le même monde, que j'étais entrée dans une autre dimension où, pour moi, la violence (dirigée contre moi-même et parfois contre les autres) allait imposer ses lois. M'abandonner six mois après ma destruction massive était d'une cruauté invraisemblable, aurait-on pu supputer. Mais seuls ceux qui n'ont pas éprouvé la réalité des faits qui nous lacéraient pourraient penser de la sorte. Aucun de mes proches n'a stigmatisé Vincent. Par son empathie, il s'est emparé de ma douleur et l'a faite sienne. Son impuissance face à ma détresse aurait pu lui être fatale. Je sais qu'une partie de lui est morte avec moi. Lui non plus ne voulait pas mourir et je ne voulais pas le tuer. Nous devions nous séparer.

Peu de temps après, François est devenu le pilier de ma vie, forçant l'admiration de tous mes proches. Quand il m'a connue, je marchais sur le fil entre la mort et la vie. Mais malgré mes tendances suicidaires et mes consommations arbitraires, il a toujours nourri une confiance têtue en moi. Il n'a pas eu tort, car même si mes démons habitent toujours la maison, la naissance d'Hanabi a marqué une césure très nette dans ma passion autodestructrice et mon harassant désespoir. Mon petit feu d'artifice m'a permis de me sevrer au moins neuf mois et m'a donné une authentique raison de vivre. Pourquoi ai-je persisté dans mes extravagances stupéfiantes ? Si tant est qu'on puisse répondre à cette question, qui invoque les forces mystérieuses de la psyché, j'ai l'impression d'avoir développé un réflexe pavlovien vis-à-vis du bonheur. Au moment où la brute a fondu sur moi, j'étais dans la pleine euphorie de ma soirée entre amis. C'est au pic de l'allégresse qu'est advenu le pire. Depuis, je ne peux plus ressentir une joie aiguë, comme m'en offre tant l'existence, sans l'associer à la peur panique qu'elle cède le pas à l'horreur, qui surgit sans préavis. Alors voilà, comme les chiens qu'on a habitués à manger avec une musique identique à chaque fois et qui salivent uniquement à l'écoute de ladite mélodie, le sentiment d'euphorie suffit à déclencher chez moi la peur de la mort. En outre, il ne faut pas croire que les moments d'exaltation sont anodins, ils ne sont pas des occasions de s'écarter de la drogue, car à l'acmé de l'enthousiasme, le *craving* pointe encore son nez. Le produit magnifie tout. Triste leurre. On en veut toujours plus.

# 14

Demain nous allons chercher les filles à la gare, de retour d'un séjour chez mes beaux-parents. Comment ai-je pu élever mes filles, dont l'insolent et persistant bonheur est la preuve que je n'ai pas failli dans ma tâche, en planant tout le temps ? Comme l'avait justement souligné Damien, on consomme plus par besoin que par envie, c'est-à-dire pour se sentir normal, fonctionnel. J'ai tenu à distance le pire de moi grâce aux produits. Dans *La Vie devant soi*, le petit Momo raconte que dans d'autres familles, on donne des calmants aux enfants pour tempérer leur dévorante et harassante énergie. Madame Rosa, la prostituée qui veille sur lui avec une myriade d'autres marmots, a trouvé une autre solution. C'est elle qui prend des calmants et assiste, pacifiée, presque indifférente, aux bêlements des enfants. Concernant mon hospitalisation, j'ai confié à mes filles que j'étais un peu malade, rien de grave, mais que trois semaines de repos m'étaient allouées et que j'en sortirais meilleure mère que je n'y étais entrée.

Je décide malheureusement d'accompagner François à la gare Montparnasse pour accueillir les filles. Je n'avais pas mesuré la difficulté. Le trajet en voiture est en soi une épreuve. Le retour dans la ville, quittée depuis plus de deux semaines, m'agresse. Ces bouts de ferraille sur roues qui klaxonnent, se frôlent, se braquent, ne sont que le début de la chute. Ce sont les vacances de la Toussaint et la gare est bondée. La foule me panique, les frottements me heurtent. Je suis en plein cœur du bruit et de la fureur et je n'ai plus d'armure chimique. Je goûte peu les retrouvailles avec les sourires de ma progéniture. Elles sont pourtant des astres dans ma nuit.

Hanabi, en honneur à la signification de son prénom, est un feu d'artifice d'intelligence et de perspicacité. Elle appréhende le monde par de grands yeux et d'attentives oreilles, l'analyse dans un cerveau plus agile qu'un poisson frétillant, puis le restitue, oralisé et décortiqué, en phrases impeccables, du haut de ses petits quatre ans. Elle maîtrise le syllogisme poétique : « Maman j'étais dans ton ventre quand j'étais petite ? Et toi, quand tu étais petite, tu étais dans le ventre de Yaya (surnom de la grand-mère), alors moi aussi, j'étais dans le ventre de Yaya. » Prudente à l'excès parfois, au point qu'on pourrait, mais à tort, la qualifier de poltronne, elle ne fait qu'appliquer sa méthode jusqu'à ce qu'elle ait déchiffré et intégré les éléments de chaque nouveauté. Elle n'en est pas pour autant une enfant savante ni tristounette. Hanabi est aussi jolie que gaie, aussi rieuse qu'appliquée, dotée d'un caractère allègre, dénué de toute agressivité, ne connaissant ni la rancune, ni la dureté. Obéissante sans être docile, sagace sans être ennuyeuse, vive sans être effrontée, elle se nourrit de ce qu'elle intègre et s'abreuve de l'amour des siens. Elle veut épouser la lune, dessine des « portes mouillées de loin » et répète une phrase entendue en passant dans un film pour adultes : « Tu ne te perdras jamais si tu suis le chemin de ton cœur. »

Haydée, quant à elle, est une formidable séductrice au caractère déjà affirmé pour ses deux ans. Elle se présente donc sous son double aspect de petite fille irrésistiblement adorable qu'on veut prendre dans ses bras, ce pour quoi elle est toujours partante, et d'angelot opiniâtre qui ne s'en laisse jamais conter. Elle est un concentré de joie de vivre et de grâce, parfaitement compatible avec un côté petit félin sauvageon et parfois téméraire. Une de ses attractions préférées est d'organiser des parties de catch avec le chat Neko (encore une référence au pays du Soleil levant dans notre petite tribu, *neko* signifiant « chat » en japonais). Haydée tarde à parler, ce qui ne l'empêche pas de s'exprimer et de se faire comprendre avec son langage à elle, sa gestuelle et son instinctive clairvoyance. On l'imagine sans mal petite magicienne commandant aux songes dont elle s'entoure lorsqu'elle joue seule.

Ce week-end, mes filles réclament une attention constante, pour compenser mes journées d'absence. Leur attente me submerge. Fatiguée, je suis ultra-sollicitée par des sujets en cascade. Je n'arrive pas à répondre à tous leurs appels. Leur babil ininterrompu, qui devrait m'enchanter, me parvient au contraire comme une suite d'agressions. Il m'est impossible d'emprunter les voies de leurs jeux, de descendre dans leur petit monde du tout-tout-de-suite pour y communier avec elles. Ma seule compétence aujourd'hui se limite à faire preuve d'un instinct maternel primaire : baisers volés ou partagés, embrassades passionnées, salvatrices. Mais ces enveloppements de mère louve ne suffisent pas à dissiper un tenace sentiment de culpabilité d'abdication maternelle. Ça ne fait qu'aggraver mon mal-être, que je redoute de voir se transformer en un gouffre sans fond, abîme dans laquelle j'ai trop souvent plongé. Je commence à craindre la fin de ce week-end. Les premières envies pointent leur nez. Pourquoi ne suis-je pas à la hauteur de ma vie bénie ? J'en ressens un profond dégoût de moi-même, tout en me sentant impuissante à y remédier. Pour cacher ma honte et ma blessure, je me terre sous une couette, d'où me parviennent les manifestations sonores – rires frais, trottinements sur la terrasse, petits cris ponctuant les jeux – d'un bonheur tranquille dont je me suis exclue. Je suis comme Sisyphe qui aurait renoncé à pousser son rocher. Pour la première fois depuis le début de mon hospitalisation, je crains de retomber dans la facilité de mes béquilles chimiques. Celles grâce auxquelles les pleurs me faisaient sourire au lieu d'exaspérer mes nerfs, et qui éloignaient les contraintes de l'éducation et leur florilège de frustrations pour céder la place à une osmose infantile avec mes petites têtes blondes, celles qui me permettaient de redevenir un enfant pour me sentir en phase avec les miens. Aujourd'hui, je suis clean mais je suis une mère démissionnaire. Je contemple intérieurement le paysage jadis riant d'une construction familiale dont je suis le coarchitecte, devenu à mes yeux une décadence qu'inlassablement je m'acharne, malgré moi, contre moi, à mener à la ruine.

Le dimanche soir, François et les filles me raccompagnent à l'hôpital. Le couvre-feu est fixé à 19 heures. Le système de navigation prévoit une heure de trajet. Au bout de trente minutes, Haydée et Hanabi, si petites encore, se disputent et leurs chamailleries virent au drame. Elles sont en larmes et nous ne parvenons pas à les apaiser. C'est alors que notre voiture se retrouve cernée par un embouteillage monstre. La foule mécanique et le tumulte des enfants me rongent les nerfs. La montre tourne et ajoute à l'angoisse candide de violer le couvre-feu. Nous n'arriverons pas avant 20 heures.

Un bloc de souffrance émotionnelle fond sur moi. Je ne pense qu'à m'annuler, m'annihiler. Je regarde avec intérêt les pharmacies sur le trajet, ouvertes ce dimanche soir. Cette violence stupide qui m'étouffe pourrait devenir plus veloutée sous l'effet des comprimés rêvés. « L'ivresse jette un voile sur la vie réelle, elle éteint la connaissance des peines et des chagrins, elle permet de déposer le fardeau de la pensée », écrit Balzac dans son étonnant *Traités des excitants modernes*. Malgré le *craving*, cette nécessité impérieuse de consommer, de remplir le vide qui m'aspire, je ne demande pas à François de m'arrêter chez mes dealers habituels. Il pourrait certes céder – cela est déjà arrivé –, mais aujourd'hui, je sens bien que c'est inutile.

Après deux heures de ce trajet infernal, me revoici à Villejuif. Les au revoir sont aussi courts que libérateurs et je m'engouffre, la nuit tombée, dans le glacial bâtiment de l'Albatros comme dans une tanière. Timothée, le benjamin addict au cannabis, et l'opulente infirmière rousse sont en pleine partie de ping-pong ; je passe devant eux comme si j'avais le diable à mes trousses, affamée de calmants, ignorant leur salut. Timothée me racontera avoir stoppé la partie pour dire à l'infirmière que je n'allais pas bien, ce qui sautait aux yeux en effet. Elle lui a alors rétorqué qu'elle avait une technique bien particulière pour les patients rentrant de permission :

« Quand ils reviennent, ils sont toujours mal et dans ce cas, c'est nous, les infirmières, qui prenons. Alors je laisse passer un peu de temps, j'attends qu'ils se calment et enfin, je leur demande comment s'est déroulée la permission. »

Je ne peux pas encore aller me terrer dans mes pénates, car le protocole nous impose un passage obligatoire au poste de soins pour un alcootest et une fouille de nos affaires. Je fonds en larmes devant les deux infirmières présentes, une libération que mon corps ne m'accorde jamais. Elles me demandent si l'Atarax m'a calmée. Quel Atarax ? Eh bien, il était prévu que je parte avec une petite enveloppe de sédatifs et lors de ma sortie, la soignante en charge a omis de me les procurer…

## 15

J'entame ma troisième et dernière semaine à l'Albatros. Après mon bref retour à la vie normale, je mesure combien il me sera difficile de vivre sans mon toxique écran total. Les médecins viennent au rapport ce matin. Ils constatent mon abattement avec une compassion feinte et écoutent le rapport de ma désastreuse sortie. Ils remettent alors sur le tapis leur solution miracle, le Subutex, ce produit de substitution qu'on donne aux héroïnomanes, mais cette fois, avec une insistance qui marque le peu d'espoir qu'ils fondent dans ma capacité à m'en sortir. C'est comme se voir dans un miroir qui enlaidit. Ce miroir qu'ils me tendent me renvoie l'image d'une grande toxico. Difficile de maintenir le regard.

— Mais pourquoi voulez-vous me donner cet opiacé pour lequel vous recevez des patients dépendants ?

— Lors de votre sortie, vous avez eu beaucoup de mal. C'est un produit qui calme les envies de consommation.

— Mais enfin, pour sortir d'une addiction, on doit bien être confronté à son envie, non ? C'est seulement quand on sort vainqueur du conflit avec son envie que l'on n'est plus addict ! J'ai l'impression que vous réduisez à néant mon libre arbitre. J'en suis donc là ?

— C'est pour vous aider. On vous sent fragile.

Inutile de les pousser dans des retranchements philosophiques. J'aurais pourtant aimé connaître la réponse médicale à un problème existentiel. Entre-temps, je suis là et les blouses blanches ne peuvent pas avoir tort à cent pour cent. Cliniquement, je coche les cases de la malade lourdement dépendante. Là où je me plais à brandir l'argument philosophique du libre arbitre, ils voient une patiente affolée qui ressort ses cours de terminale pour noyer le poisson et son problème de d'addiction. Une femme dans le déni.

J'ai pourtant un argument bien rationnel.

— Vous semblez oublier que les opiacés ne sont qu'une partie minoritaire de mes consommations. Je prends trois à quatre fois plus de méphénésine, dans le Décontractyl. Vous avez des études sur cette substance ?

— Non, nous n'avons jamais reçu de patients dépendants à ce produit.

— Le Subutex ne va pas avoir d'effet sur ces envies-là. Vous me proposez un produit super lourd pour une partie infime de mon addiction.

— Nous pensons que vous en avez réellement besoin. Réfléchissez-y.

Alors, je parie sur la volonté ou le Subutex ? Le dilemme est douloureux. Car face à un problème, il faut toujours sonder la vision de l'autre, épouser son esprit. Au point de ne plus croire en son propre instinct. C'est le moment où je me convaincs que les scientifiques ont raison. J'ai l'impression d'avoir ouvert la porte de la Réalité. Elle donne sur un désert de liberté où une éternelle victime de viol s'arrête régulièrement au poste de soins comme à un check-point. Je suis une grande toxico. Je ne suis pas celle que je croyais être. C'est vertigineux. J'ai l'impression de sombrer dans la folie. L'espace de quelques minutes, mais je l'ai sondée. Je sais ce qu'est la folie. Je suis dépossédée de moi-même.

« Il y a un moment où on est tout seul quand on est arrivé au bout de tout ce qui peut vous arriver. C'est le bout du monde. Le chagrin lui-même, le vôtre, ne vous répond plus rien et il faut revenir en arrière alors, parmi les hommes, n'importe lesquels.[6] » Toujours Céline... Alors je sors de cette chambre où mes idées se cognent aux murs et rebondissent violemment sur moi. Le premier que je croise est Damien. Je lui propose d'aller fumer une cigarette. Je lui raconte le rendez-vous avec les médecins, lui

**6**. Louis-Ferdinand Céline, *Voyage au bout de la nuit, op. cit.*

fais part de ma détresse. Il me répond froidement, d'un ton condescendant.

— Ce que je constate, c'est que ton discours est décousu, on ne comprend pas où tu veux en venir.

Me voilà dédaignée par celui qui tient le haut du pavé de la folie. Je ne touche pas le fond, j'ai la face écrasée contre. Mais n'en prenons pas ombrage, Damien se console en méprisant ses semblables.

— Si tu t'injectes le Subutex, ça te fait à peu près les effets de l'héroïne.

« ... parmi les hommes, n'importe lesquels... » Après m'avoir transmis cette information capitale, Damien me fait un cours de chimie sur le Subutex. Et ajoute :

— En plus, c'est hyper galère, tu dois avoir une ordonnance spéciale, sécurisée, quand tu vas à la pharmacie, ils appellent le médecin pour savoir s'ils peuvent te filer la dose. Et au début, tu dois y aller tous les jours.

Le spectacle de Katy empêtrée dans ses valises vient me tirer d'affaire. On dirait une folle éprise pliant bagages pour fuir un ancien amant. Elle est suivie de Diane.

— Katy, qu'est-ce qui se passe, tu ne devais partir que demain ?

— J'ai pas voulu pisser pour leur putain de test. C'est bon, j'ai bu que deux verres ce week-end en permission, et il ne me restait plus qu'un jour.

Diane regrette ce départ anticipé :

— C'est dommage que tu aies bu ce week-end,

nous, on t'aurait bien gardée un jour de plus. Tu vas nous manquer.

— Je viendrai vous rendre visite.

Le départ de Katy est un coup dur pour la communauté. Diane est persuadée qu'elle ne s'en sortira pas. De la drogue.

* * *

Qui dit lundi, dit nouvelle fournée d'apprentis. J'ai eu vent d'un drôle de garnement, ivre au firmament. Je ne fais sa connaissance qu'en fin d'après-midi, une fois les effets de l'alcool dissipés. Patrick et moi sommes en train de fumer des cigarettes qui nous tuent, c'est écrit sur le paquet. Après tout, la vie est une maladie mortelle. Le novice se présente à Patrick :

— Salut, moi c'est Raphaël.

— Patrick, mais on s'est déjà présentés tout à l'heure !

— Pardon, j'étais totalement bourré.

— Salut, moi c'est Flora, on s'est pas encore vus. Alors qu'est-ce que t'as bu ?

— Ce matin avant de venir, je me suis fait une bouteille de vodka.

Il se tient sur une béquille.

— Qu'est-ce qu'il t'est arrivé à la jambe ?

— C'est mon genou, il ne s'est pas remis d'une bagarre un soir dans la rue.

— Tu es là pour alcoolisme ?

— Oui, mais surtout pour l'héroïne.

Rien d'étonnant, il a tous les traits du junkie. Cheveux rasés, piercing dans la narine, Raphaël est un grand gaillard vigoureux, au front étroit, les yeux clairs, les sourcils blonds. Une cicatrice barre son visage comme une parure. Il marche péniblement avec sa béquille. Sa vingtaine s'éloigne, et sa voix semble celle d'une doublure d'adolescent dans un sitcom américain. Son physique est à la fois doux et violent, sa carrure dissuasive. Il plisse les yeux comme s'il affrontait une rafale de vent piquant. C'est un gamin estropié, une créature des gouffres et de l'excès.

Le soir au dîner, il avale sa nourriture avec l'entrain d'un affamé. Je lui propose mon plateau qu'il accepte sans rechigner. Je m'étonne de cet appétit féroce, qu'il met sur le dos du calmant Tercian, la spécialité de la maison. À chaque fois qu'il loge à l'Albatros, et c'est sa quatrième fois, il avoue prendre dix kilos. Je suis médusée que ces petites pilules qui ne m'octroient même pas le sommeil trouvent encore leur chemin parmi les capteurs saturés de ce grand toxicomane.

Il semble s'acoquiner naturellement avec l'autre nouvel arrivant, Kamel. Je n'ai pas encore eu l'occasion d'entamer une causette avec lui, car il paraît distant. J'imagine d'emblée qu'il doit, comme Raphaël, jouer dans la cour des grands. Ceux qui narguent la mort au plus près. À côté d'eux, la majorité d'entre nous sommes des petits joueurs. Des bourgeois de l'addiction. Kamel a passé la quarantaine. Il a le teint hâlé, les cheveux blancs qui se dressent sur la tête et une barbichette tressée. Il émane de lui une élégance naturelle, inattendue, presque intimidante. Ce chauffeur routier d'origine marocaine réussit, dans son jogging et sa doudoune sans manches, à avoir l'air d'un prince égyptien. Ce n'est pas ce soir que je pourrai sonder ses démons. Il exhale une force gracieuse et une misanthropie endurcie.

Pour tromper les heures de la nuit, Timothée propose à Diane un film parmi la centaine que contient le disque dur qu'il a judicieusement glissé dans ses valises. Il la guide dans son choix et s'arrête sur *99 francs*. Diane le remercie et s'esquive. Elle redescend trente minutes plus tard comme une furie : « Tu ne pouvais pas me conseiller un plus mauvais film ! » Forcément, dès la sixième minute, le héros sniffe des lignes de cocaïne, ce « diable dans un flacon », comme l'écrit Boulgakov. Son plus proche collaborateur est aussi un féru de la poudre machiavélique, qui leur est plus nécessaire pour fonctionner que les produits alimentaires dont ils font la réclame. On le voit aussi aspirer la poudre avec un mini-aspirateur et passer goulûment sa langue sur la table pour ne rien en perdre. Timothée se confond en excuses. Au fond, Diane ne lui en veut pas, elle trouve la situation cocasse, mais elle a comme un appel d'air dans le nez et une envie irrépressible de s'en mettre, elle aussi, plein les narines. La dépendance à la cocaïne est surtout psychologique et la belle quadragénaire partage cet avantage avec le benjamin, dont le sevrage ne provoque aucun mal-être physique. Je ne sais pas si je les envie, certes leurs membres ne sont pas meurtris comme ceux de la plupart d'entre nous, mais ils n'assistent pas à l'évacuation de la nuée toxique à laquelle ils se sont soumis et perdent la sensation d'être malades. Le sevrage est normalement un accouchement dans la douleur. Ces maux sont utiles pour éviter la rechute, on ne veut pas avoir à les endurer à nouveau. Avec la cocaïne, l'absence de manque est à la mesure de sa toxicité. Car elle donne une telle couleur aux choses que le malade en sevrage ne voit plus le monde qu'en noir et blanc. Cette faculté de la poudre à intensifier la vie est une calamité.

# 16

Dans le hall, entre le baby-foot et le ping-pong, Jean-Luc attend son taxi avec ses bagages. L'heure du départ a sonné. L'air toujours aussi perdu, le sac en bandoulière comme s'il s'apprêtait directement à aller distribuer le courrier, il dit qu'il retourne à sa « vie de merde » et que nous allons lui manquer. Notre communauté perd l'un de ses plus précieux membres. Sa douceur et son habitude de rire à nos plaisanteries vont nous manquer. Diane et moi échangeons nos numéros avec lui. Je ne reverrai jamais Jean-Luc. Pendant les premiers temps, nous correspondrons par mail. Aux dernières nouvelles, il n'avait pas rechuté. Puis après mon départ en Uruguay, le contact sera perdu. Lorsque j'ai voulu reprendre de ses nouvelles six mois après la cure, j'ai appris sur sa page Facebook qu'il était décédé.

* * *

Au détour d'un couloir, j'aperçois Raphaël qui attend sur une civière. Je vais m'enquérir de ce dispositif inattendu.

— Qu'est-ce que tu fais là ?

— J'attends ma prise de sang.

— Mais pourquoi en civière ?

— Ils doivent m'emmener au bloc car ils ne trouvent pas mes veines, ils doivent faire une échographie pour les trouver.

Moi, novice chez les junkies :

— T'as de toutes petites veines ?

— Non. J'en ai presque plus à force de me piquer.

— Du coup comment tu te piques ?

— Je me shoote en artériel, dans l'aine ou entre les doigts de pied.

Il m'explique ça comme s'il décrivait un remède contre le rhume. Nous parlons du fond des ténèbres comme d'une formalité. Et moi, j'en apprends encore sur le monde de la drogue. L'héroïne est réputée être une des substances les plus addictives. Quand je regarde ce gamin amoché, en cure pour la quatrième fois, je songe à ces phrases de *La Vie devant soi* de Romain Gary : « Moi l'héroïne je crache dessus. Les mômes qui se piquent deviennent tous habitués au bonheur et ça ne pardonne pas, vu que le bonheur est connu pour ses états de manque. Pour se piquer, il faut vraiment chercher à être heureux et il n'y a que les rois des cons qui ont des idées pareilles. » Mais est-ce propre à l'héroïne ou à toutes les substances modificatrices de conscience ? Au fond, nous avons tous cherché à être heureux, ou tout simplement moins malheureux, puis nous nous sommes retrouvés enchaînés.

* * *

Après le déjeuner, nous avons la énième bonne surprise d'apprendre que le cours de relaxation est annulé. Indignée, je décide de remédier à la situation. J'ai moi-même, sur mon ordinateur, un enregistrement de méditation de pleine conscience, une méthode venue des États-Unis qui connaît une véritable vogue et séduit même les médecins. Elle consiste à focaliser pleinement son attention sur le moment présent et à analyser les sensations ressenties. Elle permet d'accéder à une conscience nouvelle, libératoire, tout du moins le temps de la pratique. Je choisis un *body scan*, qui fait porter l'attention sur chaque partie de son corps, lu par la voix suave de Bernard Giraudeau, et convoque les volontaires dans la salle de sport. Les collègues sont enchantés et se prêtent à l'exercice, allongés sur les tapis moisis. Très vite, Patrick se met à ronfler, mais à la fin des trente minutes, mes congénères se révèlent tous ravis de cette parenthèse (j'apprendrai plus tard que mon initiative n'a pas plu à la hiérarchie).

Timothée, notre benjamin, n'a pas assisté à la séance. Depuis deux jours, il est aussi nerveux qu'abattu. Sa sensation de ne pas être à sa place le ronge. Cette fois, il n'y tient plus. Il veut « quitter l'aventure », comme on dit en télé-réalité, situation de laquelle nous ne sommes finalement pas si éloignés. C'est le deuxième pensionnaire à abandonner le navire depuis mon arrivée. Il s'agite comme un lion en cage. Prêt à partir sans remplir les formalités d'usage si les médecins refusent. Non seulement l'Albatros ne peut rien pour lui, mais je crois aussi qu'il est sous le choc d'avoir croisé des destins brisés. Il faut dire qu'il est tout jeune. Vingt-trois ans. Nous perdons notre mascotte. Mauvais jour, décidément. Le groupe qui s'était formé se délite. Heureusement, il me reste Diane. On a beau tout partager, les affinités socioculturelles finissent par s'imposer.

* * *

Je suis obnubilée par la question du Subutex. Je dois revoir le médecin demain et lui faire part de ma décision concernant ce traitement. Connaissant mes projets de départ, mon addictologue est déjà allé enquêter sur la délivrance de Subutex en Uruguay. Je me sens toujours aussi désemparée face à la certitude médicale de ma faiblesse. Une enclume dans le ventre, je décide de décrocher mon téléphone afin de prendre l'avis de ma psychiatre en ville. Celle sur laquelle s'est porté mon choix après avoir connu une vingtaine de thérapeutes de toutes sortes depuis le viol. Notre relation est plutôt froide, strictement clinique. Je me demande même si nous n'avons pas un peu peur l'une de l'autre. Mais ma quête du psy parfait n'a pas abouti, et cette jolie bourgeoise, à peine plus âgée que moi, est rigoureuse et cultivée. Et puis elle me connaît mieux que les médecins de l'Albatros. Je lui expose donc le dilemme auquel je suis confrontée : Subutex *or not* Subutex ? D'emblée, elle penche de mon côté et fait écho à ma réticence. Elle soutient que mon processus compassionnel – une façon alambiquée de parler du goût que j'ai de me faire plaindre – a dû donner aux professionnels locaux une idée erronée de mes ressources personnelles. Remplacer une drogue par une autre n'est pas la panacée.

Je me suis forcée à épouser le raisonnement des addictologues pour mieux peser le pour et le contre, ce qui est le principe même de la dialectique. Il faut la goutte de trop pour que le vase déborde et retrouve ensuite sa limite. Mon vase ne peut pas continuer à déborder. Je n'ai pas le choix. Je n'en prendrai pas. Comme il y a quelques années, après le viol, j'ai senti cet immense courage, qui demande une posture d'affrontement envers la réalité. Ce courage qu'il n'y a pas de mérite à concevoir, car c'est le moment où l'on n'a plus d'autre choix que d'être courageux. Sinon tout part à vau-l'eau, la vie ne sera pas du tout comme on a envie qu'elle soit. Je veux rester capitaine de mon bateau. Et si je saute à l'eau, dans la mer des solutions médicales, je ne suis plus au gouvernail. Il ne me reste que la voie de la volonté. On n'a pas le choix d'être libre. On est libre. On peut concevoir l'univers comme on l'entend sans que personne n'y puisse insérer sa dose de réalité. La réalité, c'est ce sur quoi on décide de poser le regard, l'éventail est infini. Je parie sur ma volonté, même si j'accouche dans la douleur. Il me faudra plusieurs jours à ressasser la pertinence de mes arguments. Avec l'impression que tout peut m'échapper.

* * *

Après le petit déjeuner, je retrouve Raphaël, le junkie aux yeux bleus, au quartier tabac. J'apprends qu'il vit dans un camion, fait les vendanges pour gagner un peu d'argent et n'hésite pas à faire la manche. Il me raconte qu'à la gare du Nord, il a assisté au spectacle scatologique abominable d'un autre junkie qui s'est oublié en demandant l'aumône. Le manque. Raphaël est un punk à chien, mais sans crête. Son fidèle compagnon lui manque terriblement. Sa mère le garde et lui donne des nouvelles quotidiennes. Il souffre, comme la majorité des héroïnomanes, d'une hépatite C, contractée à cause d'une seringue partagée avec une comparse déjà contaminée. Il ne nourrit pas de ressentiment, ce sont les risques du métier. Au moins, il n'est pas devenu séropositif, comme beaucoup.

Dans les couloirs translucides, on m'informe qu'une interne désire me voir dans ma chambre. Je tombe encore sur un nouveau visage. Ce changement de personnel en pleine cure est décidément une calamité. Elle m'adresse un regard retors. Sur ses genoux, un petit dossier. Cette Antillaise m'informe qu'elle a reçu les résultats de mes analyses d'urine. Je n'ai rien à craindre sur ce sujet, étant abstinente de toutes substances depuis le début de ma cure. Mais l'interne me révèle que j'ai été testée positive au cannabis ! Lorsque je lui affirme que c'est impossible, elle ne me croit pas sur parole et me pose directement la question de savoir si j'ai fumé. Je dois lui répondre à deux reprises par la négative, indignée. Et à l'information suivante qu'elle me dévoile, je commence à craindre que l'incompétence humaine dans le service soit doublée d'une incompétence scientifique du laboratoire. Car à mon premier contrôle, ils n'avaient retrouvé aucune trace de cannabis, ce qui était tout bonnement impossible puisque j'avais fumé la veille de mon arrivée. L'interne n'a pas d'explications à me donner. Je demande donc à voir mon médecin référent qui, par une chance miraculeuse, est disponible. Je lui expose la situation. Elle me révèle alors un phénomène extraordinaire dont je n'avais pas connaissance : le relargage. En manque de ses substances habituelles, le cerveau peut avoir une réaction défensive et produire lui-même les molécules dont il est privé du jour au lendemain.

Le cerveau peut aussi être notre meilleur ami ! Quant aux résultats négatifs le lendemain de mon arrivée à l'Albatros, le médecin n'a aucune réponse. La blouse blanche profite de cet intermède pour m'adresser une remontrance :

— Nous avons appris que vous aviez organisé des séances de relaxation et de yoga pour les autres patients. Nous préférerions que vous vous absteniez.

Indignée, je lui rappelle la vacance dans laquelle le service nous laisse errer lorsqu'il annule les rares activités qui nous sont proposées. L'argument qu'elle m'oppose trahit son incompréhension totale des rapports humains entre patients.

— Nous préférons que vous vous concentriez sur votre rémission personnelle.

Diane m'attend devant ma chambre. Elle m'annonce la visite de Katy. Nous rejoignons le parking afin de retrouver celle qui nous manque déjà. Pour partager quelques minutes avec nous, elle est prête à revenir dans cet endroit si hostile. Passées les salutations et embrassades d'usage, on demande à notre sémillante et fougueuse Katy si elle est parvenue à rester abstinente.

— La première chose que j'ai faite en sortant, c'est d'aller me tanker. Et vous savez quoi, je me suis dit plus jamais ! Ça ne m'a même pas fait de bien sur le coup, ça m'a mise trop bizarre et après, j'en ai rebavé à avoir mal au dos à nouveau, j'ai dit, c'est bon, ça m'a vaccinée. En fait, en me virant d'ici, ils m'avaient mise dans l'échec. Juste pour un verre de vin. C'est pour ça que j'ai flanché.

— Mais là, tu sens que c'est bon ? demande Diane.

— J'ai découvert la dope par un de mes ex qui se défonçait, j'avais dix-sept ans, donc ça fait une bonne douzaine d'années dedans. C'est bon, c'est fini. Oui, j'avais fait deux cures, mais c'était différent, c'était pour plaire à mes parents. Cette fois-ci, je vous le redis, je suis vaccinée, et je ne veux pas finir comme ma sœur dans un cercueil.

Diane lui offre une accolade généreuse. C'est étrange de voir deux femmes issues de mondes si antagoniques développer de telles relations. C'est la seule magie de l'Albatros. Je lui demande ensuite comment se sont passées les retrouvailles avec son amoureux.

— Laisse tomber, je l'ai largué. Mais j'ai rencontré un mec, vous allez halluciner !

— Raconte, trépigne Diane.

— Pour délirer, je suis allée sur un site de rencontres. En fait, j'ai discuté avec trois gars. Le premier, c'était un petit jeune genre vingt-cinq ans, il a commencé à me saouler, c'est que pour niquer en fait. Le second était pas mal sur les photos, mais quand je lui ai demandé de m'envoyer un selfie, la réalité n'avait rien à voir avec les photos alors je me suis esquivée très vite. Et le troisième, on a vachement parlé, on s'entendait super bien, je lui ai dit cash, je cherche pas de relation sérieuse, et du coup on a vachement discuté tous les deux. Je me décide à aller le voir, et le mec est super canon. Pas canon, mais très charmant, et alors ? (Elle sait faire monter le suspense…) Et alors c'est un CRS meuf, il est dans la police ! Cinq minutes après qu'on s'est quittés, il m'envoie une photo de lui habillé en condé, oh là là. J'ai failli le baser direct. Au final, je suis super pas déçue. Genre on s'est vus hier soir, ça se passe super bien, c'est un amour, genre le matin, je me réveille, je t'ai préparé le petit déj'. Pas de problème, je reviens dormir ce soir si tu veux !

Katy est en pleine forme et son allégresse nous contamine. On se quitte en se serrant dans les bras.

## 17

J'ai enfin passé une nuit comme il se doit. Il aura fallu attendre la dix-septième. Les tenaces symptômes de sevrage commencent à s'amenuiser. Mon ventre, qui était gonflé par la digestion des dizaines de pilules, s'est aplati. Comme après un accouchement. Le gros avantage de la cure est de casser le réflexe de la consommation. Elle brise le cercle infernal de la dépendance, celui qui vous rend esclave de la substance. Désormais je sens la possibilité de m'affranchir. Je redécouvre une liberté que je n'appréciais pas pleinement avant la dépendance. Cette liberté allait de soi. Désormais, je l'ai reconquise. Je suis sortie de l'enfer chimique dans lequel m'avait plongée le viol. Sans lui, je ne serais peut-être jamais devenue dépendante.

Au petit déjeuner, je suis assise à côté de Raphaël et je cherche à savoir ce qui l'a envoyé chez les démons de l'héroïne et mené à la défonce suicidaire à laquelle il s'adonne. Alors, je lui demande simplement pourquoi il se drogue. Je m'attends à la révélation d'une enfance maltraitée ou d'un drame quelconque, mais sa réponse est aussi élémentaire qu'ingénue :

— Parce que j'aime ça.

— Et pourquoi tu veux arrêter ?

— Je voudrais construire une famille, avoir des enfants.

Raphaël le punk rêve-t-il vraiment d'une vie bourgeoise ? C'est ce qui guette souvent les addicts en rémission. Chez Balzac, les dépendants aux excitants modernes, s'ils veulent échapper à l'anéantissement, doivent « détendre la harpe et rentrer dans la vie flâneuse, niaise, et cryptogamique des bourgeois retirés[7] ». La drogue est évasion et exploration des limites du réel. La rémission est un affrontement frontal avec la réalité.

Un peu plus tard je rencontre, dans l'aile Rimbaud où je loge, Benoît, mon collègue de codéine. Il me raconte qu'il a vu Kamel pleurer. Étonnant, sidérant même, de la part de ce hiératique taiseux.

— Kamel, il est pas dur, c'est un genre qu'il se donne, moi je l'ai vu pleurer plusieurs fois. Il y a des moments où il n'en peut plus du sevrage. Il ne se

**7**. Honoré de Balzac, *Traité des excitants modernes*.

confie pas beaucoup. C'est plutôt moi qui parle pour lui dire « ça va aller ». Je l'avais vu pleurer devant le poste de soins, et une deuxième fois dehors, il pensait qu'il n'allait pas y arriver. Cette dureté, c'est une carapace, il est très sensible en fait.

* * *

Cette après-midi, j'ai encore le droit à une réunion collégiale des soignants dans ma chambre. La psychiatre addictologue, une infirmière et une interne. Le personnel est presque exclusivement féminin à l'Albatros. Le sujet du Subutex est remis sur la table. Je leur fais part de ma décision et affronte leur moue dubitative. Je reçois un « Comme vous voudrez », et point d'encouragements. Sans grand étonnement. Le contact avec les patients m'apporte la chaleur humaine si nécessaire dans ces lieux si froids. L'espoir de s'en sortir, c'est avec eux que je le partage, non avec les médecins.

En allant fumer une cigarette, j'aperçois Kamel seul, l'occasion de tenter une discussion.

— Et toi, Kamel, t'es là pour quoi au fait ?

— Moi, je suis là pour la métha (méthadone, cousine du Subutex) et pour les benzos (benzodiazépines calmants très efficaces). Depuis 1998, j'ai arrêté les shoots, j'ai tout arrêté. J'étais un très gros consommateur.

Il parle d'une voix nasillarde et indolente, qui cadre mal avec son physique.

— Ça te fait quoi la métha ?

— Ça me calme, mais ça me fait pas du tout planer. J'aimerais bien arrêter. Je prenais la méthadone le matin et à partir de 14 heures, je ne sentais plus rien. Mon médecin, il me croyait pas. Il pensait que je voulais encore me défoncer. Ça a duré pendant deux mois. Ils m'ont envoyé ici, ils ont dit : « C'est pas normal ». Alors ils ont fait des recherches sur mon génome et ils ont réalisé que je métabolise deux fois plus vite que la normale. Quand ils m'ont dit ça, j'ai informé mon médecin, et je lui ai dit, vous voyez que je suis pas fou. Il m'a répondu que c'était très, très rare.

La métabolisation rapide, le cauchemar de tous les consommateurs.

— Et les médecins t'encouragent ?

— Oui, mais ils me disent : « Toi, vu ce que tu prends, tu pourras jamais te passer de méthadone. » Mais là faut que j'arrête au moins le Valium, parce que ça m'empêche de travailler.

— Tu travailles dans quoi ?

— Je suis chauffeur routier. Et je prends du Valium parce que je ne suis pas bien la journée, je ne suis pas bien le soir. Avant, je prenais 5 grammes de cocaïne la nuit pour tenir le coup.

À ce niveau, le nez perd sa fonction respiratoire, il n'est plus qu'un aspirateur.

— Et avec ton psy ici, ça se passe comment ?

— Alors il est super fort, me fait-il ironiquement, il a fait plein d'études. Mais quand je parle de moi avec lui, lui, il me parle de ses études, tu vois. Moi je lui dis non, moi je me connais, je sais ce que je peux prendre.

— J'ai le même problème, ils veulent absolument me mettre sous Subutex.

— Le Subutex, ça sert à rien. À rien. Une fois même, je me le suis injecté et ça fait rien, rien.

Les drogués qui se piquent ont tendance à tout vouloir s'injecter. Une idée qui ne me serait sûrement pas passée par la tête, mais je constate encore une fois que le Subutex n'a pas bonne presse chez les dépendants. Je profite de l'expertise de Kamel en matière de stupéfiants pour valider une légende urbaine.

— C'est vrai qu'il y a des mecs qui se piquent dans les yeux ?

— Il paraît que oui, mais j'en ai jamais vu. Mais par contre dans toutes les autres parties du corps, oui. Même les plus intimes ! J'ai pratiqué, alors c'est vrai !

— Sur le sexe ?

— C'est toi qui l'as dit ! À part ça, je suis à trois cent vingt milligrammes de méthadone, et tous me disent qu'une autre personne serait morte, mais dans ma vie j'ai toujours été un cas même quand je me shootais. Si tu veux voir vraiment à quoi ressemblait ma vie, regarde *Requiem for a Dream*.

Ce film retrace le parcours jusqu'aux ténèbres de trois amis héroïnomanes. Il appartient à la catégorie, rare et précieuse, des films qui rendent malade.

— Je l'ai vu. Il m'a traumatisée. T'as aimé ?

— Pour le film, j'ai fait la même chose, alors...

Dans une des séquences, quand les paradis artificiels tournent au cauchemar, une des femmes du groupe finit par se prostituer dans des conditions sordides, tandis que son ami, qui abuse des seringues usagées, attrape une telle infection au bras qu'on doit le lui amputer.

— Toi, tu as sauvé ton bras au moins. Elle est horrible, la scène de l'amputation.

— C'est ça la vie, quand on se shoote. On n'est pas dans le monde des Bisounours !

* * *

Ce soir, Arte diffuse un film des frères Coen qui fait l'unanimité. Il n'y aura pas de discussion concernant le zapping, ce sera *The Big Lebowski*. Diane prépare le pop-corn au micro-ondes tandis que chacun prend place.

Juste avant le début du film, le sombre Damien fait irruption dans le réfectoire. Nous l'informons du programme. Toujours didactique et centré sur lui, il nous lance :

— Pour bien regarder ce film, il faut le regarder dans le bon état.

— C'est-à-dire ?

— Il faut faire la *Big Experience*.

— Et de quoi s'agit-il ?

— Il faut boire en même temps que le Dude.

Quand il se prend un russe blanc (son cocktail de prédilection), tu t'en fais un aussi, pour être dans le même état que le Dude.

Sachant que le héros boit neuf fois en une heure et demie, j'imagine le désastre. Mais ce n'est pas tout. Damien ajoute :

— Quand il fume un pétard, tu en fumes un aussi, et quand il prend un LSD, tu fais pareil.

C'est donc un Big Lebowski remasterisé par les hallucinations du LSD qu'affectionne Damien, qui nous raconte une anecdote de tournage.

— Il paraît que pendant le tournage, Jeff Bridges tenait à boire le nombre exact de russes blancs que son personnage buvait, pour être exactement dans le même état. Je crois même qu'il a pris du LSD.

Je remarque :

— Dis donc Damien, si tu faisais pareil avec *Requiem for a Dream*, tu serais déjà mort !

Damien a plongé profondément dans les abîmes de la défonce. Ce sont des horizons que je ne connais pas et qui m'effraient.

# 18

C'est mon dernier jour à l'Albatros. Plus qu'une nuit dans ma suite monacale. Plus qu'une nuit avant de retrouver le monde sous un nouveau jour. Les derniers temps ont été plus paisibles, les nouveaux n'ayant pu remplacer les amis du début, même si l'entente est bonne. Parmi eux, un certain Thibaut. Dans sa trentaine, il donne l'impression d'être un amateur de bonne chère issue d'une bonne famille. C'est le premier d'entre nous à n'être pas dépendant d'une substance, mais d'un comportement. Il est addict au jeu. Ils ont même un médicament pour ça, ici. Thibaut a décidé de se faire soigner quand ses dettes ont atteint soixante-dix mille euros. Voici un autre dépendant qui a pu aller jusqu'à sa propre destruction en toute légalité. On porte toujours la faute sur la personne, comme si jouer était de la seule responsabilité du joueur, sans voir les implications de l'industrie du jeu et la façon dont elle conçoit de ses produits. Au Canada, par crainte d'un recours en justice des joueurs, les assureurs ont demandé aux casinos de mettre en place des protections. En s'appuyant sur les mêmes données que les algorithmes de marketing, ils ont ainsi développé des algorithmes de la dépendance, afin de surveiller quand les comportements deviennent addictifs et verrouiller alors l'accès au joueur. Thibaut est désormais interdit de casino. Après le petit déjeuner, il organise des parties de poker, sans argent évidemment, qui rencontrent leur succès parmi les collègues mâles. Chassez le naturel...

Plus tard dans l'après-midi, en descendant du premier étage, j'aperçois un triste spectacle. Damien dévale les escaliers quatre à quatre puis se saisit d'une grande plante verte qu'il envoie s'écraser contre un mur. Il craque et c'est Benoît, toujours au courant de tout, qui m'éclaire. Damien est finalement transféré au service psychiatrie. Ils considèrent ne plus rien pouvoir pour lui en addictologie. Son coup de sang est pathétique et déchirant. Intelligent, il a assez de lucidité pour se voir devenir fou, sans pour autant pouvoir réagir. Il assiste à sa déchéance, impuissant. Je ne le veux pas, mais je nourris peu d'espoir pour lui. Pourquoi certaines vies sont-elles sacrifiées ? S'il fallait que je sois la seule malheureuse pour que l'humanité soit en paix avec elle-même, je choisirais le malheur. « Que le ciel existe, même si ma place est en enfer[8]. »

Quand je me rends au poste de soins afin de recevoir mon traitement, plusieurs infirmières dont Christine sont présentes. Elle m'annonce, mielleuse, qu'elle souhaite me dire au revoir car elle part en congé maladie. Elle va se faire opérer du dos. Taquine, je lui lance :

— Attention à ne pas devenir accro aux anti-douleurs, Christine !

Mais elle ne me répond pas du tout sur le ton de la plaisanterie. Plutôt sur celui de l'affliction.

— C'est difficile, vous savez...

Bien sûr que je sais ! Mais je comprends surtout que Christine entend les sirènes des substances, elle aussi. L'arroseur arrosé ?

* * *

Dernière nuit à l'Albatros. Le lendemain sonne l'heure des adieux. Diane me prend dans ses bras et me confesse que son séjour ne se serait jamais aussi bien passé sans moi. « On s'est bien marrées quand même », me lance-t-elle. Jamais je n'aurais imaginé une telle conclusion à une cure de désintoxication. Ce séjour fut une telle odyssée humaine que je veux

8. Jorge Luis Borges, *La Bibliothèque de Babel*.

immortaliser mes collègues sur une photo. Tous rassemblés sur le parking, à l'entrée du centre, nous posons le temps d'un cliché. Nous formons une drôle de troupe, un agrégat hétéroclite de personnes qui n'auraient jamais pu être réunies ailleurs qu'entre ces murs. L'image est cocasse. Je ne suis pas sûre que tous les groupes soient aussi soudés, mais les planètes ont dû se passer le mot pour s'aligner et m'offrir cette expérience hors du commun. Kamel, le chauffeur routier, s'improvise poète et me dit que l'Albatros ne volera plus que d'une aile sans moi. Je monte dans la voiture de François et les regarde s'éloigner. À cet instant, j'ai l'intuition que ces relations seront éphémères. Je le comprendrai quelques mois plus tard avec le décès de Jean-Luc. Le premier d'une liste qui n'a pas fini de s'égrener. Je sais que je ne les reverrai pas, nos mondes sont si éloignés. Mais leur disparate assemblage restera à jamais dans mon cœur et ma conscience.

En vingt-sept années, j'avais érigé un système de défense qui dissuadait quiconque de me manquer de respect et qui m'avait permis d'atteindre tous mes objectifs. Brisé en une vingtaine de minutes par un psychopathe *serial* violeur, il est devenu un système de défonce, pour mon plus grand malheur. Ma vulnérabilité originelle, souvent bien masquée, n'y est sans doute pas étrangère.

Désormais je m'engage dans un double exil. Le premier me porte vers les rivages de la vie sans tricherie chimique, j'ai abandonné le schéma toxique qui modelait ma vision du monde. Le second exil est un pays. Je quitte aussi la France pour un endroit, l'Uruguay, où je pourrai vivre cette virginité de l'exilé : lestée des habitudes parisiennes, sans avoir absorbé celles du nouvel univers. Je commence à embrasser une liberté ultime. C'est le début d'une nouvelle vie. Les compteurs sont remis à zéro. Depuis que je me suis extraite des entrailles de la terre cette nuit de fin d'été, il y a huit ans, j'ai dû tout réapprendre à faire seule pour la première fois : dormir, marcher, conduire, voyager... Cela m'a pris du temps, et les substances accompagnaient chacun de mes pas. Peut-être pourrai-je désormais déambuler la nuit tombée ou prendre les transports en commun ? Je nourris enfin l'espoir que cessent ces entraves à ma liberté. Je n'ai pas de date de sortie, moi, ni de remise de peine.

François me prend dans ses bras, je me sens nue, mais revêtue d'une sérénité aussi neuve que fragile.

Juin 2022

« C'est tout ce que j'ai trouvé pour ne pas sombrer » étaient les premiers mots que je couchais par écrit, voilà près de neuf ans. Puis l'histoire a joué de la sémantique et me voilà aujourd'hui à écrire : « C'est tout ce qui m'a fait sombrer. »

La maladie de la dépendance a ceci de vicieux qu'elle vous demande de toucher le fond pour vous décider à vous en sortir. J'ai dû décupler les doses mentionnées, passer aux substances illicites, procrastiner la sobriété, retourner en cure à maintes reprises et franchir des frontières pour tenter de m'en sortir : Angleterre, Écosse, Portugal. Je ne compte plus les établissements que j'ai fréquentés. Une dizaine au moins. Soit plus d'un par an, chiffre témoignant de ma volonté acharnée de me soigner, je le réalise aujourd'hui. Trois m'ont définitivement fermé leurs portes. Pour deux d'entre eux, mes souvenirs sont trop vagues. Quant au troisième, je sais que j'y ai fait une de mes overdoses. La dernière image que j'en garde est celle du père de mes filles m'annonçant son départ. La suivante est celle du visage de mon propre père penché sur moi aux urgences, le regard lourd d'amour, deux fourmis cheminant sur sa joue. J'ai dû me droguer jusqu'à l'ADN. Pour faire taire les douleurs. Un jour, j'ai fini par en perdre la mémoire. Ou plutôt, elle s'est retrouvée saturée. Pendant quarante-huit heures, aucune nouvelle information ne pouvait être assimilée. Les répétitions étaient peine perdue.

De guerre lasse dans mon combat contre l'assuétude, j'ai tenté de mettre une fin à mon monde. Sans donner aucune chance à qui que ce soit de me porter secours. J'ai avalé la mort mais mon corps l'a régurgitée. J'ai dû faire des choses que je ne peux pas encore nommer. J'ai écrit il y a plusieurs années que « Si je tombais du haut de ma vie, j'en mourrais ». J'en suis tombée et cela a été pire que mourir.

Quelques jours après le viol au quatrième sous-sol, un cauchemar a surgi : j'étais seule dans un ascenseur exigu qui égrenait les étages vers la terre, sous la terre, s'enfonçait et ne s'arrêtait plus. C'était un cauchemar prémonitoire. Je pensais que le malheur s'abattait d'un coup alors que, comme le bonheur, il se construit. Il prend son temps pour après la négation de tout mon être. Cette prise de conscience est aussi lourde à endosser que mon passé. Car, plutôt que de la supporter, j'ai désormais choisi de porter mon histoire.

Chaque jour, je ne me lève pas. Je me relève. Chaque soleil, j'aime, je ris, j'écris, et je lutte. À la folie. Mais tout ceci est à recommencer chaque matin. Et tout ceci est juste pour aujourd'hui.

## Gratitudes

Hanabi, merci Cookie d'être une pépite.

Haydée, merci Bonbon d'avoir le goût du paradis.

Merci à Daphné Gautier pour ses mots le soir du 5 mars et sa main la nuit du 17 septembre.

Merci à Céline Malraux d'avoir éclairé de ses lanternes et son soleil mes chemins ombragés.

Merci à Vanessa de faire jaillir le rire au Co-tidien et de « voir le même monde ».

Merci à Sophie de si mal porter son nom et de toujours trouver les mots pour panser mes blessures.

Merci à Aude Adrien de la marche effectuée à mes côtés depuis toujours.

Merci à Isaure de Sainte Marie pour sa constance en amitié.

Merci à Clarisse Cohen pour sa douceur, son écoute, son ouverture d'esprit, et de « sanctuariser mon rétablissement ».

Merci à Jacques Aragones pour son professionnalisme, et l'évidence et la simplicité avec lesquelles il m'a aidée à me remettre en selle.

Merci à Ubernard pour l'inspiration, la lignée et la liberté.

Merci à Isabelle Marionneau à un point qu'elle connaît très bien et qu'elle a fait disparaître.

Merci à Léa Salamé de m'avoir poussée à écrire et de me porter dans son cœur depuis vingt ans.

Merci à Céline, Marie-Ange et Anne de porter si dignement la même cicatrice.

Merci à Marc d'avoir été le seul cette année-là et de l'avoir assumé.

Merci à tous ceux qui sont encore là.

Merci à tous ceux qui n'ont pas de nom.

Merci aussi à ceux qui m'ont quittée ; c'était ma nécessité.

Maquette couverture : [illegible]
Composition et mise en page : [illegible]
[illegible]
Correction : Cécile Rémy
Direction [illegible] : [illegible]

[illegible] imprimé [illegible]
par l'imprimerie [illegible] en janvier 2023
pour le compte des Éditions [illegible]

Dépôt légal : [illegible]
[illegible]
Imprimé en France

*Maquette intérieure: Clément Buée*
*Composition et mise en page: Bruno Ringeval*
*Préparation de copie: Carine Barth*
*Correction: Cécile Rémy*
*Direction éditoriale: Clarisse Cohen*

*Cet ouvrage a été achevé d'imprimer sur roto-page*
*par l'imprimerie Laballery à Clamecy en janvier 2023*
*pour le compte des Editions StudioFact*

*Dépôt légal: octobre 2022*
*N° d'impression: 301342*
*Imprimé en France*